RE

CICÉRON.

LES

TRE CATILINAIRES.

LES

CATILINAIRES

DE CICÉRON

DE L'IMPRIMERIE DE CRAPELET

RUE DE VAUGIRARD, 9

LES
CATILINAIRES
DE CICÉRON

TRADUITES EN FRANÇAIS

AVEC

LE TEXTE LATIN EN REGARD ET DES NOTES

PAR J. THIBAULT
ANCIEN ÉLÈVE DE L'ÉCOLE NORMALE

PARIS

LIBRAIRIE DE L. HACHETTE ET Cie
RUE PIERRE-SARRAZIN, N° 12
(Quartier de l'École de Médecine)

1849

ARGUMENT ANALYTIQUE

DU PREMIER DISCOURS CONTRE CATILINA.

L. Sergius Catilina, issu d'une famille patricienne, trouva dès sa jeunesse la carrière des magistratures naturellement ouverte devant lui. Il y entra comme préteur d'Afrique, et ne se signala dès son début que par des exactions et des violences. Aussi lorsque, de retour à Rome, il voulut se mettre sur les rangs pour le consulat, poursuivi par les Africains pour ses concussions, il fut forcé de renoncer à satisfaire son ambition par les voies légales. Une première conspiration contre les nouveaux consuls, deux fois avortée, mais deux fois impunie; des accusations dont le laissa triompher tantôt la vénalité du juge, tantôt celle de l'accusateur, ne firent que l'encourager dans les préparatifs d'un plus vaste et plus effrayant complot. La corruption des mœurs publiques ne lui donna que trop de complices; l'un d'eux livra bientôt à une femme tous les secrets de la conjuration, au moment même où le succès semblait certain. Celle-ci s'empressa d'en donner connaissance à Cicéron. Après avoir fait au sénat un rapport détaillé sur les renseignements qui lui avaient été fournis, et demandé que la convocation des comices consulaires fût différée de quelques jours, Cicéron interpella le lendemain Catilina lui-même, et n'en reçut que l'audacieuse réponse qui donnait ouvertement un chef au parti du peuple contre celui du sénat. Alors fut rendu le décret par lequel, dans les circonstances périlleuses, le consul était revêtu d'une autorité dictatoriale.

Lorsqu'arriva le jour des comices, Cicéron, instruit cette fois encore d'un nouveau complot contre sa vie, le déjoua par les précautions dont il s'entoura dans le champ de Mars. Catilina, ainsi réduit à l'impuissance, résolut de recourir à la guerre ouverte. Mallius, son complice, regagna l'Étrurie, où il prit les armes le 27 octobre 690. Le 28, un projet de massacre dans Rome échoua par la vigilance du consul. Le 1ᵉʳ novembre, une attaque contre Préneste ne réussit pas mieux. Enfin, dans la nuit du 6 au 7, Catilina réunit ses complices chez le sénateur P. Læca, l'un d'eux, et là furent résolus le meurtre de Cicéron, l'incendie de Rome, le soulèvement de l'Italie et le départ de Catilina pour le camp de Fésules. Au point du jour, les assassins se présentèrent chez Cicéron, dont la porte resta fermée. Aussitôt le consul convoqua le sénat dans le temple de Jupiter Stator. Catilina s'y rendit, soit pour rassurer ses complices, soit pour détourner les soupçons. Lorsqu'il entra, tous les sénateurs s'écartèrent à son approche et laissèrent vide la partie de l'enceinte où il alla se placer. C'est en ce moment que le consul, s'abandonnant à son indignation, lui adressa la harangue connue sous le nom de *Première Catilinaire*. Catilina répondit par quelques paroles, hypocrites et suppliantes d'abord, puis menaçantes à la fin, rentra furieux dans sa maison et quitta Rome, la nuit même, pour aller rejoindre Mallius et son armée.

I. Tous les desseins de Catilina sont connus; s'il vit encore, il ne le doit qu'à l'indulgence du consul.

II. Cicéron n'a pas fait usage des pouvoirs sans bornes dont il est armé depuis vingt jours, mais sa vigilance suit partout le coupable.

III. Le consul sait tout, a tout prévu, tout annoncé.

IV. Il rend compte de la réunion nocturne des conjurés chez le sénateur Læca, des discours qu'on y a tenus, des plans qu'on y a formés. Catilina ne le démentira point.

V. Que Catilina se retire avec ses complices, qu'il cesse de mettre plus longtemps la patrie en danger, qu'il se rende en exil.

VI. Quel charme peut le retenir dans une ville où tous les citoyens le craignent et le méprisent?

VII. Le sénat lui a manifesté toute son horreur. La patrie elle-même le conjure de s'éloigner.

VIII. Catilina a demandé une surveillance dont aucun citoyen honnête n'a voulu se charger ; il demande au sénat un arrêt que le silence même des sénateurs prononce assez clairement.

IX. Cicéron est prêt à braver tous les dangers pour le salut de la patrie. Poursuivi par la haine s'il exile Catilina, la gloire l'attend, au contraire, si Catilina va rejoindre son armée, comme il paraît s'y disposer.

X. Qu'il aille donc où l'appelle sa perverse nature ; qu'il poursuive ces desseins auxquels l'ont préparé des travaux si vantés.

XI. Mais la patrie s'oppose à cette indulgence, et reproche au consul sa faiblesse ; la loi veut que Catilina périsse ; en ne l'exécutant pas, Cicéron encourt la haine de tous les bons citoyens.

XII. Il n'aurait pas hésité à frapper ; mais on refuse encore de croire à cet horrible complot, et la mort de Catilina ne débarrasserait Rome que du seul Catilina, tandis que son départ la délivrera de tous les conjurés.

XIII. Que tous les méchants aillent chercher en Étrurie la punition de leurs forfaits. Que Jupiter sauve Rome et frappe les sacriléges.

ORATIO PRIMA

IN L. CATILINAM.

I. Quousque tandem abutere, Catilina, patientia nostra? Quamdiu etiam furor iste tuus nos eludet? Quem ad finem sese effrenata jactabit audacia? Nihilne te nocturnum præsidium Palatii [1], nihil urbis vigiliæ [2], nihil timor populi, nihil concursus bonorum omnium, nihil hic munitissimus habendi senatus locus [3], nihil horum ora vultusque [4] moverunt? Patere tua consilia non sentis? Constrictam jam omnium horum conscientia teneri conjurationem tuam non vides? Quid proxima, quid superiore nocte [5] egeris, ubi fueris, quos convocaveris, quid consilii ceperis, quem nostrum ignorare arbitraris?

O tempora! o mores! Senatus hæc intelligit; consul videt: hic tamen vivit. Vivit? imo vero etiam in senatum venit; fit publici consilii particeps; notat et designat oculis ad cædem unumquemque nostrum. Nos autem, viri fortes, satisfacere reipublicæ videmur, si istius furorem ac tela vitemus. Ad mortem te, Catilina, duci jussu consulis jampridem oportebat; in te conferri pestem istam, quam tu in nos omnes jamdiu machinaris.

An vero vir amplissimus, P. Scipio [6], pontifex maximus, T. Gracchum, mediocriter labefactantem statum reipublicæ, privatus [7] interfecit, Catilinam vero, orbem terræ cæde atque incendiis vastare cupientem, nos consules perferemus? Nam illa nimis antiqua prætereo, quod C. Servilius Ahala [8] Sp. Melium, novis rebus studentem, manu sua occidit. Fuit, fuit ista quondam in hac republica virtus, ut viri fortes acrioribus suppliciis civem perniciosum, quam acerbissimum

PREMIER DISCOURS

CONTRE L. CATILINA.

I. Jusques à quand abuseras-tu de notre patience, Catilina? Combien de temps encore serons-nous ainsi le jouet de ta fureur? Où s'arrêteront les emportements de cette audace effrénée? Ni la garde qui veille la nuit sur le mont Palatin, ni les postes répandus dans la ville, ni l'effroi du peuple, ni le concours de tous les bons citoyens, ni le choix, pour la réunion du sénat, de ce lieu le plus sûr de tous, ni les regards ni le visage de ceux qui t'entourent, rien ne te déconcerte? Tu ne sens pas que tes projets sont dévoilés? Tu ne vois pas que ta conjuration reste impuissante, dès que nous en avons tous le secret? Penses-tu qu'un seul de nous ignore ce que tu as fait la nuit dernière et la nuit précédente, où tu es allé, quels hommes tu as réunis, quelles résolutions tu as prises?

O temps! ô mœurs! Le sénat connaît tous ces complots, le consul les voit; et Catilina vit encore. Il vit? que dis-je? il vient au sénat; il prend part aux conseils de la république; son œil choisit et désigne tous ceux d'entre nous qu'il veut immoler. Et nous, hommes pleins de courage, nous croyons assez faire pour la république, si nous échappons à sa fureur et à ses poignards. Il y a longtemps, Catilina, que le consul aurait dû t'envoyer à la mort, et faire tomber sur ta tête le coup fatal dont tu menaces les nôtres.

Eh quoi! un citoyen illustre, le grand pontife P. Scipion, frappa de mort, sans être magistrat, T. Gracchus pour une légère atteinte aux institutions de la république; et nous, consuls, nous laisserons vivre Catilina, qui aspire à désoler l'univers par le meurtre et par l'incendie? Je ne rappelle pas l'exemple trop ancien de C. Servilius Ahala, tuant de sa propre main Sp. Mélius, qui cherchait à faire une révolution. C'est qu'il y avait autrefois dans cette république, oui, il y avait des hommes assez courageux pour infliger des châtiments plus sévères à un citoyen pernicieux qu'à l'ennemi le plus

hostem, coercerent. Habemus senatusconsultum[1] in te, Catilina, vehemens et grave : non deest reipublicæ consilium,
neque auctoritas hujus ordinis ; nos, nos, dico apertè, consules
desumus.

II. Decrevit quondam senatus, ut L. Opimius consul
videret, ne quid respublica detrimenti caperet. Nox nulla
intercessit : interfectus est propter quasdam seditionum suspi-
ciones C. Gracchus[2], clarissimo patre, avo, majoribus ; occi-
sus est cum liberis M. Fulvius[3], consularis. Simili senatuscon-
sulto C. Mario et L. Valerio, consulibus, permissa est
respublica. Num unum diem postea L. Saturninum[4], tribu-
num plebis, et C. Servilium, prætorem, mors ac reipublicæ
pœna remorata est? At nos vicesimum jam diem patimur
hebescere aciem horum auctoritatis. Habemus enim hujusmodi senatusconsultum, verumtamen inclusum in tabulis, tanquam gladium in vagina reconditum : quo ex senatuscon-
sulto confestim interfectum te esse, Catilina, convenit. Vivis,
et vivis non ad deponendam, sed ad confirmandam audaciam.
Cupio, patres conscripti, me esse clementem ; cupio in tantis
reipublicæ periculis me non dissolutum videri ; sed jam me
ipse inertiæ nequitiæque condemno.

Castra sunt in Italia contra rempublicam, in Etruriæ faucibus[5] collocata ; crescit in dies singulos hostium numerus :
eorum autem imperatorem castrorum, ducemque hostium,
intra mœnia atque adeo in senatu videmus, intestinam
aliquam quotidie perniciem reipublicæ molientem. Si te jam,
Catilina, comprehendi, si te interfici jussero, credo, erit verendum mihi, ne non hoc potius omnes boni serius a me, quam
quisquam crudelius factum esse dicat. Verum ego hoc, quod
jampridem factum esse oportuit, certa de causa[6] nondum
adducor ut faciam. Tum denique interficiam te, quum jam
nemo tam improbus, tam perditus, tam tui similis inveniri
poterit, qui id non jure factum esse fateatur. Quamdiu quisquam erit, qui te defendere audeat, vives, et vives ita, ut
nunc vivis, multis meis et firmis præsidiis obsessus, ne commovere te contra rempublicam possis. Multorum te etiam
oculi et aures non sentientem, sicut adhuc fecerunt, specu-
labuntur atque custodient.

acharné. Nous sommes armés contre toi, Catilina, d'un sénatus-consulte d'une rigueur terrible; ni la sagesse ni l'autorité de cet ordre ne manquent à la république; c'est nous, je le dis ouvertement, c'est nous consuls qui lui manquons.

II. Autrefois un décret du sénat chargea le consul L. Opimius de veiller à ce que la république ne souffrît aucun dommage. Avant la fin du jour, C. Gracchus, malgré l'illustration de son père, de son aïeul et de ses ancêtres, fut mis à mort comme soupçonné de quelques projets séditieux; le consulaire M. Fulvius périt avec ses enfants. Un sénatus-consulte semblable remit le sort de la république aux mains des consuls C. Marius et L. Valérius : s'écoula-t-il un seul jour sans qu'une mort, qui devait venger la patrie, atteignît le tribun du peuple L. Saturninus et le préteur C. Servilius? Mais nous, voilà vingt jours que nous laissons s'émousser dans nos mains le glaive de l'autorité du sénat. Car nous avons pour nous ce même décret; mais il est enfermé dans nos archives, comme une épée dans son fourreau; ce décret demande, Catilina, que tu meures à l'instant. Tu vis; et tu vis non pas pour abjurer, mais pour affermir ton audace. Je voudrais, pères conscrits, me montrer clément; je voudrais aussi, quand la république est dans un si grand danger, ne pas laisser voir de faiblesse; mais je condamne moi-même à présent ma coupable inertie.

Il y a en Italie, dans les gorges de l'Étrurie, un camp armé contre la république; le nombre des ennemis s'accroît de jour en jour; le général de cette armée, le chef des rebelles est dans nos murs, et nous le voyons même dans le sénat, préparant chaque jour quelque nouveau malheur au sein de la patrie. Si dans ce moment, Catilina, je te faisais saisir et mettre à mort, j'aurais à craindre, je crois, que tous les bons citoyens ne m'accusassent de l'avoir fait trop tard, plutôt que d'avoir été trop cruel. Mais ce que j'aurais dû faire depuis longtemps, de sérieux motifs m'engagent à le différer encore. Tu périras, Catilina, lorsqu'on ne pourra plus trouver un homme assez méchant, assez pervers, assez semblable à toi pour ne pas convenir que ton supplice fut mérité. Aussi longtemps qu'il en restera un seul qui ose te défendre, tu vivras, mais tu vivras comme tu vis maintenant, entouré par moi d'une garde nombreuse et sûre, afin que tu ne puisses rien entreprendre contre la république. Partout des yeux et des oreilles continueront, sans que tu le saches, à te surveiller, à t'épier.

III. Etenim quid est, Catilina, quod jam amplius exspectes, si neque nox tenebris obscurare cœtus nefarios, nec privata domus parietibus continere vóces conjurationis tuæ potest? si illustrantur, si erumpunt omnia? Muta jam istam mentem, mihi crede ; obliviscere cædis atque incendiorum. Teneris undique ; luce sunt clariora nobis tua consilia omnia : quæ etiam mecum licet recognoscas.

Meministine me ante diem xii kalendas novembres[1] dicere in senatu, fore in armis certo die, qui dies futurus esset ante diem vi[2] kalendas novembres, C. Mallium, audaciæ satellitem atque administrum tuæ? Num me fefellit, Catilina, non modo res tanta, tam atrox, tam incredibilis, verum, id quod multo magis est admirandum, dies? Dixi ego idem in senatu, cædem te optimatum contulisse in ante diem v kalendas novembres, tum quum multi principes civitatis Roma, non tam sui conservandi quam tuorum consiliorum reprimendorum causa, profugerunt. Num inficiari potes, te illo ipso die meis præsidiis, mea diligentia circumclusum, commovere te contra rempublicam non potuisse, quum tu, discessu ceterorum, nostra tamen, qui remansissemus, cæde contentum te esse dicebas?

Quid? quum tu te Præneste[3] kalendis ipsis novembribus occupaturum nocturno impetu esse confideres, sensistine illam coloniam meo jussu, meis præsidiis, custodiis vigiliisque esse munitam? Nihil agis, nihil moliris, nihil cogitas, quod ego non modo non audiam, sed etiam non videam planeque sentiam.

IV. Recognosce tandem mecum noctem illam superiorem : jam intelliges multo me vigilare acrius ad salutem, quam te ad perniciem reipublicæ. Dico te priore nocte venisse inter falcarios[4], non agam obscure, in M. Læcæ domum; convenisse eodem complures ejusdem amentiæ scelerisque socios. Num negare audes? quid taces? convincam, si negas. Video enim esse in senatu quosdam[5], qui tecum una fuerunt.

O dii immortales! ubinam gentium sumus? quam rempublicam habemus? in qua urbe vivimus? Hic, hic sunt, nostro in numero, patres conscripti, in hoc orbis terræ sanctissimo gravissimoque consilio, qui de meo nostrumque om-

III. Que peux-tu donc, Catilina, espérer encore, si les ténèbres de la nuit n'ont pas caché à nos yeux tes assemblées criminelles, si les murs d'une maison n'ont pas étouffé la voix de ta conjuration? si tout est mis au jour, si tout éclate? Renonce à tes desseins, crois-moi; ne songe plus au meurtre et à l'incendie. Tu es enveloppé de toutes parts; tous tes projets sont pour nous plus clairs que le jour; tu peux même les rappeler avec moi à ton souvenir.

Te souvient-il que, le douzième jour avant les calendes de novembre, je dis dans le sénat qu'à jour fixe, dans six jours, Mallius prendrait les armes, Mallius, le satellite et le ministre de ton audace? Me suis-je trompé, Catilina, non-seulement sur un fait si important, si criminel, si incroyable, mais, ce qui est plus étonnant, me suis-je trompé sur le jour? J'annonçai de plus au sénat que tu avais fixé le massacre des principaux citoyens au cinquième jour avant les mêmes calendes, jour où plusieurs d'entre eux sortirent de Rome, moins pour sauver leur vie que pour faire échouer tes complots. Peux-tu nier que ce jour même, environné de gardes placés par ma vigilance, il te fut impossible de rien tenter contre la république, et que tu dis, pour te consoler du départ des autres, que, puisque j'étais resté, ma mort te suffisait?

Eh quoi! lorsque, le 1er novembre, tu comptais t'emparer de Préneste à la faveur de la nuit, ne t'es-tu pas aperçu que cette colonie se trouvait sous la protection de postes et de gardes que mes ordres y avaient placés? Il n'est pas une de tes actions, pas un de tes projets, pas une de tes pensées, non-seulement dont on ne m'instruise, mais encore que je ne voie, que je ne connaisse à fond.

IV. Rappelle enfin avec moi l'avant-dernière nuit à ta mémoire; tu comprendras alors que je veille avec plus d'ardeur pour le salut de la république que toi pour sa perte. Je dis que l'avant-dernière nuit tu te rendis au quartier des fourbisseurs (je ne cacherai rien), dans la maison de M. Læca, où se réunirent en grand nombre les complices de ta criminelle fureur. Oses-tu le nier? Tu te tais! Je te convaincrai, si tu le nies. Car je vois ici dans le sénat quelques-uns de ceux qui se trouvaient avec toi.

O dieux immortels! Où sommes-nous? quelle république est la nôtre? dans quelle ville vivons-nous? Ici, ici même, au milieu de nous, pères conscrits, dans ce conseil le plus auguste et le plus imposant de l'univers, il y a des hommes qui conspirent ma perte,

1.

nium interitu, qui de hujus urbis atque adeo orbis terrarum
exitio cogitent. Hosce ego video consul, et de republica sententiam rogo! et, quos ferro trucidari oportebat, eos nondum
voce vulnero! Fuisti igitur apud Læcam illa nocte, Catilina;
distribuisti partes Italiæ[1]; statuisti quo quemque proficisci
placeret; delegisti, quos Romæ relinqueres, quos tecum
educeres; descripsisti urbis partes ad incendia[2]; confirmasti
te ipsum jam esse exiturum; dixisti paululum tibi esse etiam
tum moræ, quod ego viverem. Reperti sunt duo equites romani[3], qui te ista cura liberarent, et sese illa ipsa nocte
paulo ante lucem me in meo lectulo interfecturos pollice-
rentur.

Hæc ego omnia, vixdum etiam cœtu vestro dimisso, comperi[4] : domum meam majoribus præsidiis munivi atque
firmavi; exclusi eos, quos tu mane ad me salutatum miseras,
quum illi ipsi venissent, quos ego jam multis ac summis viris
ad me id temporis venturos esse prædixeram.

V. Quæ quum ita sint, Catilina, perge, quo cœpisti; egredere aliquando ex urbe; patent portæ; proficiscere. Nimium
diu te imperatorem tua illa Malliana castra desiderant. Educ
tecum etiam omnes tuos; si minus, quam plurimos; purga
urbem : magno me metu liberabis, dummodo inter me atque
te murus intersit. Nobiscum versari jam diutius non potes;
non feram, non patiar, non sinam.

Magna diis immortalibus habenda est gratia, atque huic
ipsi Jovi Statori, antiquissimo custodi hujus urbis, quod
hanc tam tetram, tam horribilem, tamque infestam reipublicæ
pestem toties jam effugimus. Non est sæpius in uno homine
summa salus periclitanda reipublicæ. Quamdiu mihi, consuli
designato, Catilina, insidiatus es, non publico me præsidio,
sed privata diligentia defendi. Quum proximis comitiis consularibus[5] me consulem in campo[6], et competitores tuos[7] interficere voluisti, compressi tuos nefarios conatus amicorum
præsidio[8] et copiis, nullo tumultu publice concitato; denique, quotiescumque me petisti, per me tibi obstiti, quanquam videbam perniciem meam cum magna calamitate reipublicæ esse conjunctam. Nunc jam aperte rempublicam

celle de nous tous, la ruine de Rome, celle du monde entier. Moi, consul, je les vois, et je prends leur avis sur les intérêts de l'État ! J'aurais dû les faire tomber sous le fer, et ma voix même les épargne encore ! Tu as donc été chez Læca cette nuit-là, Catilina ; tu as fait à tes complices le partage de l'Italie ; tu as assigné les lieux où chacun devait se rendre ; tu as choisi ceux que tu laisserais à Rome, ceux que tu emmènerais avec toi ; tu as désigné les quartiers de la ville où l'on devait allumer l'incendie ; tu as donné l'assurance que tu allais partir bientôt ; tu as dit que si tu tardais quelques moments encore, c'était parce que je vivais. Il s'est trouvé deux chevaliers romains pour te délivrer de cette inquiétude, et te promettre que, cette nuit-là même, un peu avant le jour, ils viendraient me tuer dans mon lit.

A peine étiez-vous séparés, que j'ai tout connu. J'ai fait protéger et défendre ma maison par une garde plus nombreuse, et j'en ai fermé l'entrée à ceux que tu avais envoyés le matin pour me saluer ; c'étaient ceux-là mêmes que j'avais nommés d'avance à plusieurs citoyens de la plus haute distinction et dont j'avais annoncé la visite pour ce moment.

V. Ainsi donc, Catilina, poursuis tes desseins ; sors enfin de Rome ; les portes sont ouvertes, pars : il y a trop longtemps que le camp de Mallius, que ton armée attend son général. Emmène avec toi tous tes complices, ou du moins le plus grand nombre ; que la ville en soit purgée ; tu me délivreras de grandes alarmes, dès qu'un mur me séparera de toi. Tu ne peux demeurer plus longtemps avec nous ; je ne veux pas le souffrir, je ne le tolérerai, je ne le permettrai pas.

Grâces soient à jamais rendues aux dieux immortels, et surtout au maître de ce temple, à Jupiter Stator, le plus antique protecteur de cette ville, pour nous avoir fait échapper tant de fois à ce fléau si cruel, si effrayant, si funeste pour la république. Il ne faut pas qu'un seul homme mette une fois encore la patrie entière en danger. Aussi souvent, Catilina, que tu m'as tendu des piéges, lorsque j'étais consul désigné, je me suis défendu par ma propre vigilance, sans invoquer le secours public. Lorsque, aux derniers comices consulaires, tu as voulu m'assassiner dans le champ de Mars et tes compétiteurs avec moi, j'ai trompé tes efforts criminels avec l'aide de mes nombreux amis, sans que la tranquillité publique en ait été troublée : toutes les fois enfin que tes coups m'ont menacé, c'est par moi-même que je m'en suis garanti, quoiqu'il fût évident à mes yeux que ma perte entraînerait de grands malheurs pour l'État. Aujourd'hui c'est la république elle-même que tu menaces ouvertement ;

universam petis; templa deorum immortalium, tecta urbis,
vitam omnium civium, Italiam denique totam ad exitium et
vastitatem vocas.

Quare, quoniam id, quod primum atque hujus imperii
disciplinæque majorum proprium est, facere nondum audeo,
faciam id, quod est ad severitatem lenius, ad communem salutem utilius. Nam, si te interfici jussero, residebit in republica
reliqua conjuratorum manus. Sin tu, quod te jamdudum
hortor, exieris, exhaurietur ex urbe tuorum comitum magna
et perniciosa sentina reipublicæ.

Quid est, Catilina? Num dubitas id, me imperante, fá-
cere, quod jam tua sponte faciebas? Exire ex urbe jubet
consul hostem. Interrogas me, num in exsilium[1]? Non jubeo;
sed, si me consulis, suadeo.

VI. Quid est enim, Catilina, quod te jam in hac urbe delectare possit, in qua nemo est, extra istam conjurationem perditorum hominum, qui te non metuat, nemo, qui non oderit?
Quæ nota domesticæ turpitudinis non inusta vitæ tuæ est?
quod privatarum rerum dedecus non hæret infamiæ? quæ
libido ab oculis, quod facinus a manibus unquam tuis, quod
flagitium a toto corpore abfuit? cui tu adolescentulo[2], quem
corruptelarum illecebris irretisses, non aut ad audaciam ferrum,
aut ad libidinem facem prætulisti?

Quid vero? nuper quum morte superioris uxoris[3] novis
nuptiis domum vacuefecisses, nonne etiam alio incredibili
scelere[4] hoc scelus cumulasti? quod ego prætermitto, et facile
patior sileri, ne in hac civitate tanti facinoris immanitas aut
exstitisse, aut non vindicata esse videatur. Prætermitto ruinas
fortunarum tuarum, quas omnes impendere tibi proximis
idibus[5] senties : ad illa venio, quæ non ad privatam ignomi-
niam vitiorum tuorum, non ad domesticam tuam difficultatem
ac turpitudinem, sed ad summam reipublicæ atque ad omnium nostrum vitam salutemque pertinent.

Potestne tibi hæc lux, Catilina, aut hujus cœli spiritus
esse jucundus, quum scias horum esse neminem, qui nesciat,
te pridie kalendas januarias, Lepido et Tullo consulibus[6],
stetisse in comitio cum telo? manum, consulum et principum
civitatis interficiendorum causa, paravisse? sceleri ac furori

c'est la mort de tous les citoyens que tu veux ; c'est sur les temples des dieux, sur les maisons de Rome, en un mot sur l'Italie entière que tu appelles la ruine et la dévastation.

Aussi, puisque je n'ose pas prendre encore le premier parti, celui que réclamaient et mon autorité de consul et les exemples de nos ancêtres, j'en prendrai un autre moins rigoureux et plus utile au salut de tous. En effet, si j'ordonne ta mort, tes complices épargnés resteront au sein de la république. Mais si tu pars, comme je t'y exhorte depuis longtemps, Rome verra s'écouler hors de ses murs cette lie de conjurés, cette troupe immonde si dangereuse pour l'État.

Eh quoi, Catilina, tu hésites à faire pour m'obéir ce que tu faisais déjà de toi-même? Le consul veut qu'un ennemi sorte de la ville. Tu me demandes si c'est pour aller en exil? je ne l'ordonne pas, mais, si tu me consultes, je t'y engage.

VI. Quel charme, Catilina, peut désormais avoir pour toi le séjour d'une ville dans laquelle, à l'exception de ces hommes perdus entrés dans ta conjuration, il n'est personne qui ne te craigne, personne qui ne te haïsse? Est-il un opprobre domestique qui n'ait laissé à ton front sa flétrissure? Est-il un genre d'infamie dont la honte ne s'attache à ta vie privée? Quelle impureté, quel forfait, quelle turpitude n'ont pas souillé tes yeux, tes mains, toute ta personne? Quel est l'adolescent, enchaîné par tes séductions corruptrices, dont tu n'aies armé le bras pour le crime, ou servi les débauches?

Mais quoi! lorsque dernièrement, par le meurtre d'une première épouse, tu eus fait place dans ta maison à un nouvel hymen, n'as-tu pas mis le comble à ce crime par un incroyable forfait? Je m'abstiens d'en parler, et je consens aisément à ce qu'on le taise, afin qu'on ne sache pas qu'un attentat aussi monstrueux a été commis dans Rome, ou qu'il y est resté impuni. Je ne dis rien de la ruine complète de ta fortune, dont tu es menacé pour les ides prochaines ; je ne m'occupe pas de l'ignominie dont tes désordres personnels te couvrent, ni des embarras domestiques qui t'avilissent, je ne m'attache qu'aux faits qui intéressent la république tout entière, le salut et la vie de tous les citoyens.

Peux-tu jouir avec bonheur, Catilina, de la lumière qui nous éclaire ou de l'air que nous respirons, lorsque tu sais qu'il n'est aucun de nous qui ignore que la veille des calendes de janvier, sous le consulat de Lépidus et de Tullus, tu te présentas dans les comices armé d'un poignard? que tu avais aposté une troupe de scélérats pour assassiner les consuls et les principaux citoyens? que ce ne fut

tuo non mentem aliquam, aut timorem tuum, sed fortunam populi romani obstitisse? Ac jam illa omitto. Neque enim sunt aut obscura, aut non multa post commissa [1]. Quoties tu me designatum, quoties consulem interficere conatus es! quot ego tuas petitiones [2] ita conjectas, ut vitari non posse viderentur, parva quadam declinatione, et, ut aiunt, corpore effugi! Nihil agis, nihil assequeris, nihil moliris, quod mihi latere valeat in tempore : neque tamen conari ac velle desistis. Quoties jam tibi extorta est sica ista de manibus? quoties vero excidit casu aliquo, et elapsa est? Tamen ea carere diutius non potes : quæ quidem quibus abs te initiata sacris [3] ac devota sit, nescio, quod eam necesse putas consulis in corpore defigere.

VII. Nunc vero, quæ tua est ista vita? Sic enim jam tecum loquar, non ut odio permotus esse videar, quo debeo, sed ut misericordia, quæ tibi nulla debetur. Venisti paulo ante in senatum. Quis te ex hac tanta frequentia, tot ex tuis amicis ac necessariis salutavit? Si hoc post hominum memoriam contigit nemini, vocis exspectas contumeliam, quum sis gravissimo judicio taciturnitatis oppressus? Quid? quod adventu tuo ista subsellia vacuefacta sunt? quod omnes consulares, qui tibi persæpe ad cædem constituti fuerunt, simul atque assedisti, partem istam subselliorum nudam atque inanem reliquerunt?

Quo tandem animo hoc tibi ferendum putas? Servi mehercle mei si me isto pacto metuerent, ut te metuunt omnes cives tui, domum meam relinquendam putarem : tu tibi urbem non arbitraris? Et, si me meis civibus injuria suspectum tam graviter atque offensum viderem, carere me adspectu civium, quam infestis oculis omnium conspici, mallem : tu, quum conscientia scelerum tuorum agnoscas odium omnium justum, et jam tibi diu debitum, dubitas, quorum mentes sensusque vulneras, eorum adspectum præsentiamque vitare? Si te parentes timerent atque odissent tui, neque eos ulla ratione placare posses, ut opinor, ab eorum oculis aliquo concederes : nunc te patria, quæ communis est omnium nostrum parens, odit ac metuit, et jamdiu te nihil judicat, nisi de parricidio suo cogitare. Hujus tu neque auctoritatem verebere, neque judicium sequere, neque vim pertimesces?

ni le repentir ni la crainte qui mirent obstacle à ta fureur, mais la fortune du peuple romain? Mais je passe sur ces crimes. Ils ne sont pas ignorés, et beaucoup d'autres les ont suivis. Combien de fois lorsque j'étais consul désigné, combien de fois depuis que j'exerce le consulat, n'as-tu pas voulu m'arracher la vie! Combien de fois ne me suis-je pas dérobé par un léger détour, et, comme on le dit, par un mouvement du corps, à tes attaques si bien dirigées qu'elles paraissaient inévitables! Il n'est aucun de tes actes, aucun de tes succès, aucune de tes intrigues qui n'arrivent à temps à ma connaissance, et cependant rien ne décourage tes efforts ni ne change ta volonté. Combien de fois ce poignard a-t-il été arraché de tes mains? Combien de fois encore le hasard l'en a-t-il fait tomber ou échapper malgré toi? Tu ne peux néanmoins t'empêcher de le ressaisir aussitôt. J'ignore sur quels autels tes vœux l'ont consacré, pour que tu te croies obligé de le plonger dans le sein d'un consul.

VII. Mais maintenant quelle vie est la tienne? Car je vais te parler non plus avec la haine que tu mérites, mais avec la pitié dont tu n'es pas digne. Tu viens d'entrer dans le sénat: eh bien! dans cette assemblée si nombreuse, où tu as tant d'amis et de proches, quel est celui qui t'a salué? Si personne jusqu'ici n'a subi cet affront, peux-tu attendre que la voix du sénat prononce le honteux arrêt que t'inflige si énergiquement son silence? Pourquoi à ton arrivée ces siéges sont-ils restés vides? Pourquoi tous ces consulaires, dont tu as si souvent résolu la mort, ont-ils, aussitôt que tu t'es assis, abandonné et laissé désert ce côté de l'enceinte?

Comment as-tu le courage de supporter cet opprobre? Certes, si mes esclaves me redoutaient comme tous tes concitoyens te redoutent, je me croirais obligé d'abandonner ma maison: et toi, tu ne crois pas devoir quitter la ville? Si je me voyais, même injustement, l'objet de tant de soupçons et de tant de haines de la part de mes concitoyens, j'aimerais mieux me bannir de leur présence, que de ne rencontrer partout que des regards irrités: et toi, quand ta conscience coupable te force à reconnaître que cette haine universelle est méritée, qu'elle t'est due depuis longtemps, tu hésites à éviter l'aspect et la rencontre de ceux dont tu blesses tous les sentiments? Si tu voyais ceux qui t'ont donné le jour te redouter et te haïr, sans qu'il te fût possible de les ramener, tu chercherais, je pense, une retraite loin d'eux: eh bien! la patrie, notre mère commune à tous, te hait, te redoute; elle n'attend de toi depuis longtemps que des complots parricides. Ne montreras-tu ni respect pour son autorité, ni soumission à son jugement, ni crainte de sa puissance?

Quæ tecum, Catilina, sic agit, et quodam modo tacita loquitur : « Nullum aliquot jam annis facinus exstitit, nisi per te , nullum flagitium sine te ; tibi uni multorum civium neces [1], tibi vexatio direptioque sociorum [2] impunita fuit ac libera ; tu non solum ad negligendas leges et quæstiones, verum etiam ad evertendas perfringendasque [3] valuisti. Superiora illa , quanquam ferenda non fuerunt, tamen, ut potui, tuli : nunc vero me totam esse in metu propter te unum ; quidquid increpuerit, Catilinam timeri ; nullum videri contra me consilium iniri posse, quod a tuo scelere abhorreat, non est ferendum. Quamobrem discede, atque hunc mihi timorem eripe : si est verus, ne opprimar; sin falsus, ut tandem aliquando timere desinam. »

VIII. Hæc si tecum , ut dixi, patria loquatur, nonne impetrare debeat, etiam si vim adhibere non possit? Quid? quod tu te ipse in custodiam dedisti [4]? Quid? quod, vitandæ suspicionis causa, apud M. Lepidum [5] te habitare velle dixisti? a quo non receptus, etiam ad me venire ausus es, atque, ut domi meæ te asservarem, rogasti. Quum a me quoque id responsum tulisses, me nullo modo posse iisdem parietibus tuto esse tecum, qui magno in periculo essem, quod iisdem mœnibus contineremur, ad Q. Metellum [6] prætorem venisti. A quo repudiatus, ad sodalem tuum, virum optimum, M. Marcellum [7] demigrasti ; quem tu videlicet et ad custodiendum te diligentissimum, et ad suspicandum sagacissimum, et ad vindicandum fortissimum fore putasti. Sed quam longe videtur a carcere atque a vinculis abesse debere, qui se ipse jam dignum custodia judicarit?

Quæ quum ita sint, Catilina, dubitas, si hic emori æquo animo non potes, abire in aliquas terras, et vitam istam, multis suppliciis justis debitisque ereptam, fugæ solitudinique mandare? « Refer, inquis, ad senatum : » id enim postulas, et, si hic ordo placere sibi decreverit te ire in exsilium, obtemperaturum te esse dicis. Non referam id , quod abhorret a meis moribus , et tamen faciam ut intelligas, quid hi de te sentiant. Egredere ex urbe, Catilina ; libera rempublicam metu ; in exsilium, si hanc vocem exspectas, proficiscere. Quid est, Catilina? Ecquid attendis, ecquid animadvertis horum

Elle s'adresse à toi, Catilina; elle semble te tenir ce langage :
« Depuis quelques années il ne s'est pas commis un seul forfait dont
tu ne sois l'auteur ; pas un scandale auquel tu n'aies pris part ; toi
seul tu as pu massacrer impunément des citoyens, tyranniser et piller
des alliés ; tu as eu le pouvoir non-seulement de mépriser les lois et
les tribunaux, mais de les renverser et de les détruire. Quoique ces
attentats fussent intolérables, je les ai cependant soufferts comme
j'ai pu : mais être réduite par toi à de continuelles alarmes ; au
moindre bruit, trembler devant Catilina ; penser que je ne peux être
l'objet d'aucun complot qui ne se rattache à ta conspiration , voilà
ce que je ne saurais supporter. Retire-toi donc, et délivre-moi de
ma terreur : si elle est fondée, afin que je ne succombe pas; si elle
est chimérique, afin que j'en sois enfin affranchie. »

VIII. Si la patrie te parlait ainsi, ne devrait-elle pas être obéie,
quand bien même elle ne pourrait l'exiger par la force ? Et d'ailleurs,
n'as-tu pas offert toi-même de te constituer prisonnier ? N'as-tu pas
déclaré que, pour écarter les soupçons, tu voulais habiter la maison de M. Lépidus ? Repoussé par lui, tu as osé venir chez moi, tu
m'as prié de t'y garder. Je t'ai répondu aussi que je ne pouvais
vivre en sûreté dans la même maison que toi, puisque c'était
déjà pour moi un grand danger de me trouver dans la même ville ;
tu t'es rendu alors chez le préteur Q. Métellus. Sur son refus, tu
as cherché un asile auprès de ton ami, l'excellent citoyen M. Marcellus ; tu espérais sans doute trouver en lui la plus grande vigilance à te surveiller, la plus habile pénétration à deviner tes desseins, et la plus ferme énergie à les réprimer. Mais est-il bien loin de
mériter la prison et les fers, celui qui de lui-même se juge indigne
de la liberté ?

Puisqu'il en est ainsi, Catilina, puisque tu ne peux attendre
ici une mort paisible, hésiterais-tu à te retirer dans quelque autre
pays, et à cacher dans l'exil et dans la solitude une vie arrachée plus
d'une fois à des supplices bien justes et bien mérités ? « Fais ton rapport au sénat, » dis-tu ; car c'est là ce que tu demandes, et s'il plaît
à cette assemblée de décréter ton exil, tu promets d'obéir. Je ne ferai
pas une proposition qui répugne à mon caractère ; et cependant je
saurai te faire comprendre le sentiment des sénateurs. Sors de Rome,
Catilina , délivre la république de ses craintes ; pars pour l'exil, si
c'est le mot que tu attends. Eh bien ! Catilina , remarques-tu le si-

silentium? Patiuntur, tacent. Quid exspectas auctoritatem
loquentium, quorum voluntatem tacitorum perspicis?

At si hoc idem huic adolescenti optimo, P. Sextio[1], si fortissimo viro, M. Marcello[2], dixissem, jam mihi consuli, hoc
ipso in templo, jure optimo senatus vim et manus intulisset.
De te autem, Catilina, quum quiescunt, probant; quum patiuntur, decernunt ; quum tacent, clamant. Neque hi solum,
quorum tibi auctoritas est videlicet cara, vita vilissima, sed
etiam illi equites romani, honestissimi atque optimi viri, cete-
rique fortissimi cives, qui circumstant senatum, quorum tu
et frequentiam videre, et studia perspicere, et voces paulo
ante exaudire potuisti. Quorum ego vix abs te jamdiu manus
ac tela contineo, eosdem facile adducam, ut te hæc, quæ
jampridem vastare studes, relinquentem, usque ad portas
prosequantur[3].

IX. Quanquam quid loquor? te ut ulla res frangat? tu
ut unquam te corrigas? tu ut ullam fugam meditere? tu ut
ullum exsilium cogites? Utinam tibi istam mentem dii immortales duint[4]! Tametsi video, si, meâ voce perterritus, ire in
exsilium animum induxeris, quanta tempestas invidiæ nobis,
si minus in præsens tempus, recenti memoria scelerum tuorum,
at in posteritatem impendeat. Sed est mihi tanti[5], dummodo
ista privata sit calamitas, et a reipublicæ periculis sejungatur.
Sed tu ut vitiis tuis commoveare, ut legum pœnas pertimescas,
ut temporibus reipublicæ concedas, non est postulandum.
Neque enim is es, Catilina, ut te aut pudor a turpitudine, aut
metus a periculo, aut ratio a furore revocarit.

Quamobrem, ut sæpe jam dixi, proficiscere; ac, si
mihi inimico, ut prædicas, tuo conflare vis invidiam, recta
perge in exsilium : vix feram sermones hominum, si id feceris;
vix molem istius invidiæ, si in exsilium ieris jussu consulis,
sustinebo. Sin autem servire meæ laudi et gloriæ mavis,
egredere cum importuna sceleratorum manu ; confer te ad
Mallium; concita perditos cives ; secerne te a bonis ; infer
patriæ bellum ; exsulta impio latrocinio[6], ut a me non ejectus
ad alienos, sed invitatus ad tuos isse videaris.

Quanquam quid ego te invitem, a quo jam sciam esse

lence de tes juges? Ils ne réclament pas, ils se taisent. Pourquoi attendre que leur voix prononce ta sentence, lorsque, sans parler, ils te la font clairement connaître?

Si je tenais le même langage au jeune et vertueux P. Sextius, ou à l'illustre M. Marcellus, déjà, malgré mon titre de consul, et dans ce temple même, le sénat, justement irrité, aurait sévi contre moi. Mais lorsque c'est à toi, Catilina, que je parle ainsi, s'ils ne s'émeuvent pas, c'est qu'ils m'approuvent; leur calme est un jugement; leur silence, un éclatant arrêt. Ainsi pensent non-seulement ces sénateurs, dont tu respectes sans doute beaucoup l'autorité, et dont tu comptes la vie pour si peu de chose, mais encore ces honorables et vertueux chevaliers romains, et tous ces généreux citoyens qui environnent le sénat, dont, tout à l'heure, tu as pu voir l'affluence, reconnaître les sentiments et entendre les murmures. Depuis longtemps j'ai peine à te défendre de leurs coups; mais, si tu quittes cette ville dont tu médites depuis si longtemps la ruine, j'obtiendrai facilement d'eux qu'ils t'accompagnent jusqu'aux portes.

IX. Mais, que dis-je? espérer que rien t'ébranle? que jamais tu renonces au crime? que tu conçoives l'idée de fuir? que tu songes à t'exiler? Puissent les dieux immortels t'en inspirer la résolution! Cependant je n'ignore pas, si mes paroles t'effrayent et te décident à l'exil, de quels orages la haine va menacer ma tête, si ce n'est aujourd'hui que le souvenir de tes crimes est encore récent, du moins dans l'avenir. Eh bien! j'y consens, pourvu que ce malheur n'atteigne que moi et préserve la république de tout danger. Mais que tu te révoltes toi-même contre tes propres vices, que tu craignes la vengeance des lois, que tu fasses un sacrifice à la patrie, il ne faut pas le demander. Ce n'est pas toi, Catilina, que la honte peut détourner de l'infamie, ou la crainte éloigner du danger, ou la raison calmer dans ta fureur.

Pars donc, je te le répète encore; et, si je suis ton ennemi, comme tu le proclames, si tu veux à ce titre soulever la haine contre moi, va droit en exil : j'aurai peine à soutenir les clameurs de l'envie, si tu prends ce parti; j'aurai peine à supporter l'odieux de ton bannissement, si c'est l'ordre du consul qui le prononce. Si tu aimes mieux, au contraire, servir ma réputation et ma gloire, sors avec cette dangereuse troupe de scélérats; rends-toi près de Mallius; soulève les mauvais citoyens; sépare-toi des bons; fais la guerre à ta patrie; sois fier de mener des brigands à ce combat sacrilége : on ne dira pas alors que je t'ai rejeté dans une terre étrangère, mais que je t'ai invité à aller rejoindre tes amis.

Mais qu'est-il besoin de t'y inviter, quand je sais que tu as déjà

præmissos, qui tibi ad forum Aurelium ¹ præstolarentur ar-
mati? cui sciam pactam et constitutam esse cum Mallio
diem? a quo etiam aquilam illam argenteam², quam tibi
ac tuis omnibus perniciosam esse confido et funestam futuram, cui domi tuæ sacrarium scelerum tuorum constitutum fuit, sciam esse præmissam? Tu ut illa diutius carere
possis ³, quam venerari, ad cædem proficiscens, solebas? a
cujus altaribus sæpe istam impiam dexteram ad necem civium
transtulisti?

X. Ibis tandem aliquando, quo te jampridem tua ista cu-
piditas effrenata ac furiosa rapiebat. Neque enim tibi hæc
res affert dolorem, sed quamdam incredibilem voluptatem. Ad
hanc te amentiam natura peperit, voluntas exercuit, fortuna
servavit. Nunquam tu non modo otium, sed ne bellum quidem,
nisi nefarium, concupisti. Nactus es ex perditis atque ab omni
non modo fortuna, verum etiam spe derelictis, conflatam improborum manum. Hic tu qua lætitia perfruere! quibus gau-
diis exsultabis! quanta in voluptate bacchabere, quum in tanto
numero tuorum neque audies virum bonum quemquam, neque
videbis! Ad hujus vitæ studium meditati illi sunt, qui feruntur,
labores tui : jacere humi, non modo ad obsidendum stuprum,
verum etiam ad facinus obeundum; vigilare, non solum insi-
diantem somno maritorum, verum etiam bonis otiosorum ⁴.
Habes, ubi ostentes illam præclaram tuam patientiam famis,
frigoris, inopiæ rerum omnium, quibus te brevi tempore confectum esse senties.

Tantum profeci tum, quum te a consulatu repuli ⁵, ut ex-
sul potius tentare, quam consul vexare rempublicam posses,
atque ut id, quod esset a te scelerate susceptum, latrocinium
potius quam bellum nominaretur.

XI. Nunc, ut a me, patres conscripti, quamdam prope
justam patriæ querimoniam detester ac deprecer, percipite,
quæso, diligenter, quæ dicam, et ea penitus animis vestris
mentibusque mandate. Etenim si mecum patria, quæ mihi
vita mea multo est carior, si cuncta Italia, si omnis respublica
loquatur : « M. Tulli, quid agis? Tune eum, quem esse hostem
comperisti, quem ducem belli futurum vides, quem exspectari
imperatorem in castris hostium sentis, auctorem sceleris

fait partir en avant des hommes armés pour t'attendre au forum d'Aurélius? que tu as pris jour avec Mallius? que tu as encore envoyé devant toi cette aigle d'argent, qui te sera fatale, j'en suis sûr, ainsi qu'à tous les tiens; cette aigle à laquelle tu as consacré dans ta maison un sanctuaire de crimes? Comment resterais-tu séparé plus longtemps de cet objet de ton culte, auquel tu adressais toujours tes vœux en partant pour un assassinat, dont tu as souvent quitté l'autel pour aller plonger ton bras dans le sang des citoyens?

X. Tu iras donc enfin où t'appelait depuis longtemps ta fureur, ton désir effréné. Car ce départ, bien loin de t'affliger, te cause je ne sais quelle inexprimable joie. C'est pour de semblables fureurs que la nature t'a fait naître, que les travaux t'ont formé, que la fortune t'a réservé. Jamais tu n'as aimé le repos; que dis-je! la guerre même ne t'a plu qu'autant qu'elle était criminelle. Tu as trouvé une armée composée d'hommes perdus et dénués non-seulement de toute fortune, mais de toute espérance. Quelle satisfaction tu vas goûter au milieu d'eux! quels transports d'allégresse! quelle ivresse de plaisir, lorsque, dans cette foule innombrable des tiens, tu n'entendras, tu ne verras aucun homme de bien! C'est comme préparation à ce genre de vie, que tu as enduré ces fatigues dont on veut te faire gloire : coucher sur la dure, non-seulement pour attenter à l'honneur des familles, mais pour trouver l'occasion du crime; veiller pour tendre à la fois des piéges et au sommeil des maris, et à la sécurité des riches. Voici l'occasion de signaler ce courage fameux à supporter la faim, le froid, le manque absolu de toutes choses, dont tu vas bientôt ressentir les cruelles étreintes.

J'ai gagné du moins, en te faisant repousser du consulat, que la république fût attaquée par un banni, mais non pas déchirée par un consul, et que ton entreprise criminelle prît le nom d'une incursion de brigands plutôt que d'une guerre.

XI. Maintenant, pères conscrits, pour prévenir et détourner un reproche que la patrie pourrait m'adresser avec une sorte de justice, donnez, je vous prie, toute votre attention à ce que je vais dire, et gardez-le fidèlement dans votre souvenir. Si la patrie, en effet, qui m'est beaucoup plus chère que la vie, si toute l'Italie, si la république entière m'adressait ces paroles : « M. Tullius, que fais-tu? Cet homme que tu as reconnu pour mon ennemi, que tu sais être prêt à diriger la guerre, celui que les ennemis attendent dans leur camp pour les commander, l'auteur de cette criminelle tentative, le chef de

principem conjurationis, evocatorem servorum et civium perditorum, exire patieris, ut abs te non emissus ex urbe, sed immissus in urbem esse videatur? Non hunc in vincula duci, non ad mortem rapi, non summo supplicio mactari imperabis?

Quid tandem impedit te? Mosne majorum? At persæpe etiam privati in hac republica perniciosos cives morte mulctarunt. An leges[1], quæ de civium romanorum supplicio rogatæ sunt? At nunquam in hac urbe ii, qui a republica defecerunt, civium jura tenuerunt. An invidiam posteritatis times? Præclaram vero populo romano refers gratiam, qui te, hominem per te cognitum[2], nulla commendatione majorum, tam mature[3] ad summum imperium per omnes honorum gradus extulit, si, propter invidiam aut alicujus periculi metum, salutem civium tuorum negligis. Sed, si quis est invidiæ metus, num est vehementius severitatis ac fortitudinis invidia, quam inertiæ ac nequitiæ, pertimescenda? An, quum bello vastabitur Italia, vexabuntur urbes, tecta ardebunt, tum te non existimas invidiæ incendio conflagraturum? »

XII. His ego sanctissimis reipublicæ vocibus, et eorum hominum, qui idem sentiunt, mentibus pauca respondebo. Ego, si hoc optimum factu judicarem, patres conscripti, Catilinam morte multari, unius usuram horæ gladiatori isti ad vivendum non dedissem. Etenim, si summi viri et clarissimi cives Saturnini et Gracchorum et Flacci et superiorum complurium sanguine non modo se non contaminarunt, sed etiam honestarunt, certe mihi verendum non erat, ne quid, hoc parricida civium interfecto, invidiæ mihi in posteritatem redundaret. Quod si ea mihi maxime impenderet, tamen hoc animo semper fui, ut invidiam virtute partam, gloriam, non invidiam putarem.

Quamquam nonnulli sunt in hoc ordine, qui aut ea, quæ imminent, non videant, aut ea, quæ vident, dissimulent, qui spem Catilinæ mollibus sententiis aluerunt, conjurationemque nascentem non credendo corroboraverunt; quorum auctoritatem secuti multi, non solum improbi, verum etiam imperiti, si in hunc animadvertissem, crudeliter et regie factum esse dicerent. Nunc intelligo, si iste, quo intendit, in

la conjuration, l'instigateur des esclaves et des mauvais citoyens, tu le laisseras partir, pour qu'on dise qu'au lieu de l'expulser de Rome, tu l'as déchaîné contre elle? Ne le feras-tu pas charger de fers, traîner à la mort, livrer au dernier supplice?

Qui peut donc te retenir? Les usages de nos ancêtres? Mais souvent, dans cette république, même de simples particuliers ont frappé de mort des citoyens dangereux. Les lois qui ont été portées sur le supplice des citoyens romains? Mais jamais, dans cette ville, ceux qui se sont révoltés contre la république n'ont conservé leurs droits de citoyens. Redoutes-tu la haine de la postérité? Tu témoignes alors une noble reconnaissance au peuple romain, qui, ne te connaissant que par toi-même, et sans que tu fusses recommandé par le nom de tes aïeux, t'a si promptement élevé par toutes les charges jusqu'à la magistrature suprême, si la pensée de quelque haine ou la crainte de quelque danger te fait sacrifier le salut de tes concitoyens. Mais si c'est la haine que tu redoutes, est-elle donc plus efffrayante quand on l'a soulevée par sa vigueur et son courage que lorsqu'elle poursuit une coupable faiblesse? Quand la guerre ravagera l'Italie, quand les villes seront saccagées, les maisons livrées aux flammes, penses-tu donc échapper alors aux feux de la haine allumée contre toi? »

XII. A ces paroles sacrées de la patrie, et à ceux dont le sentiment les approuve, je réponds en peu de mots : Oui, si j'avais jugé, pères conscrits, que la mort de Catilina fût le meilleur parti à prendre, je n'aurais pas laissé ce vil gladiateur vivre une heure de plus. Car si autrefois de grands hommes, d'illustres citoyens, bien loin de ternir leur gloire, se sont honorés par le meurtre de Saturninus, des Gracques, de Flaccus et de plusieurs autres, certes je ne devais pas craindre que le supplice de l'assassin impie de ses concitoyens attirât sur ma tête le ressentiment de la postérité. Et quand je serais certain de ne pas l'éviter, j'ai toujours pensé qu'une disgrâce méritée par le courage est moins une flétrissure qu'une gloire.

Mais il est dans cette assemblée des hommes qui ne voient pas, ou qui feignent de ne pas voir le danger qui nous menace; ils ont nourri les espérances de Catilina par la mollesse de leurs conseils, et donné des forces à la conjuration naissante en refusant d'y croire. Forts de leur autorité, bien des gens, je ne dis pas seulement méchants, mais encore mal informés, si j'avais sévi contre lui, m'accuseraient de cruauté et de tyrannie. Je sais que si Catilina exécute

Malliana castra pervenerit, neminem tam stultum fore, qui
non videat conjurationem esse factam, neminem tam improbum, qui non fateatur. Hoc autem uno interfecto, intelligo
hanc reipublicæ pestem paulisper reprimi, non in perpetuum
comprimi posse. Quod si se ejecerit, secumque suos eduxerit,
et eodem ceteros undique collectos naufragos[1] aggregaverit,
exstinguetur atque delebitur non modo hæc tam adulta reipublicæ pestis, verum etiam stirps ac semen malorum
omnium.

XIII. Etenim jamdiu, patres conscripti, in his periculis
conjurationis insidiisque versamur; sed, nescio quo pacto,
omnium scelerum ac veteris furoris et audaciæ maturitas in
nostri consulatus tempus erupit. Quod si ex tanto latrocinio
iste unus tolletur, videbimur fortasse ad breve quoddam
tempus cura et metu esse relevati; periculum autem residebit, et erit inclusum penitus in venis atque in visceribus
reipublicæ. Ut sæpe homines ægri morbo gravi, quum æstu
febrique jactantur, si aquam gelidam biberint, primo relevari
videntur, deinde multo gravius vehementiusque afflictantur,
sic hic morbus, qui est in republica, relevatus istius pœna,
vehementius, vivis reliquis, ingravescet.

Quare, patres conscripti, secedant improbi; secernant se
a bonis; unum in locum congregentur; muro denique, id
quod sæpe jam dixi, secernantur a nobis; desinant insidiari
domi suæ consuli, circumstare tribunal prætoris urbani[2],
obsidere cum gladiis curiam, malleolos[3] et faces ad inflammandam urbem comparare; sit denique inscriptum in fronte
uniuscujusque, quid de republica sentiat. Polliceor hoc vobis,
patres conscripti, tantam in nobis consulibus fore diligentiam,
tantam in vobis auctoritatem, tantam in equitibus romanis
virtutem, tantam in omnibus bonis consensionem, ut Catilinæ
profectione omnia patefacta, illustrata, oppressa, vindicata
esse videatis.

Hisce ominibus, Catilina, cum summa reipublicæ salute
et cum tua peste ac pernicie, cumque eorum exitio, qui se
tecum omni scelere parricidioque junxerunt, proficiscere ad
impium bellum ac nefarium. Tum tu, Jupiter, qui iisdem,
quibus hæc urbs, auspiciis a Romulo es constitutus[4], quem

son projet, s'il se rend au camp de Mallius, il n'y aura plus un homme assez aveugle pour ne pas voir qu'il existe une conjuration, ou assez pervers pour ne pas en convenir. D'un autre côté, si Catilina seul eût péri, je veux bien que sa mort eût arrêté le mal pour un moment, mais elle ne l'aurait pas étouffé pour toujours. Si au contraire il se bannit lui-même, s'il emmène tous ses complices, s'il appelle autour de lui tous ceux qui ont vu le naufrage de leur fortune, non-seulement alors ce fléau, dont les progrès sont si menaçants pour la république, sera détruit à jamais, mais nous aurons extirpé la racine, étouffé le germe de tous nos maux.

XIII. Depuis longtemps, pères conscrits, nous vivons entourés des dangers et des piéges de la conjuration; mais je ne sais par quelle fatalité tous ces crimes, longuement médités par la fureur et par l'audace, se sont trouvés prêts à faire explosion sous mon consulat. Si de tous ces brigands le chef seul était enlevé, nous serions peut-être délivrés pour quelque temps de nos inquiétudes et de nos craintes; mais le péril continuerait d'exister tout entier, enfermé au cœur même de la république. Le malade que dévore une fièvre brûlante paraît un moment soulagé, quand il a bu de l'eau glacée; mais bientôt le mal redouble et achève de l'abattre : ainsi la maladie qui travaille la république, calmée par le châtiment de Catilina, s'aggravera de nouveau si ses complices lui survivent.

Que les méchants se retirent donc, pères conscrits, qu'ils se séparent des bons; qu'ils se rassemblent dans un même lieu; qu'ils mettent, comme je l'ai dit souvent, un mur entre eux et nous; qu'ils cessent de tendre des embûches au consul dans sa propre maison, d'entourer le tribunal du préteur de la ville, d'assiéger le sénat les armes à la main, d'amasser des torches pour mettre nos maisons en flammes; enfin que chacun porte écrits sur son front les sentiments qui l'animent à l'égard de la république. Je vous promets, pères conscrits, qu'il y aura tant de vigilance dans les consuls, tant d'autorité dans le sénat, tant de courage chez les chevaliers romains et d'accord entre tous les bons citoyens, qu'après le départ de Catilina vous verrez tous ses projets découverts, mis au grand jour, étouffés et punis.

Que ces présages t'accompagnent, Catilina; va pour le salut de la république, pour ton malheur et ta ruine, pour la perte de ceux que le crime et le parricide unissent à toi, va commencer cette guerre impie et sacrilége. Et toi, Jupiter, toi, dont le culte fut fondé par Romulus sous les mêmes auspices que la ville elle-même; toi,

Statorem[1] hujus urbis atque imperii vere nominamus, hunc et hujus socios a tuis aris ceterisque templis, a tectis urbis ac mœnibus , a vita fortunisque civium omnium arcebis; et omnes inimicos bonorum, hostes patriæ, latrones Italiæ, scelerum fœdere inter se ac nefaria societate conjunctos, æternis suppliciis vivos mortuosque mactabis.

que nous nommons à juste titre le conservateur de Rome et de l'empire; tu protégeras contre les coups de ce furieux et de ses complices tes autels, les temples des autres dieux, les maisons et les murs de la ville, la vie et la fortune de tous les citoyens; et ces hommes hostiles à tous les gens de bien, ces ennemis de la patrie, ces dévastateurs de l'Italie, unis entre eux par le lien des crimes et par un pacte sacrilége, tu les livreras et pendant leur vie et après leur mort à des supplices qui ne cesseront jamais.

NOTES

DU PREMIER DISCOURS CONTRE CATILINA.

Page 4 : 1. *Palatii*. Le mont Palatin, situé à peu près au centre des sept collines sur lesquelles la ville s'était successivement étendue, les dominait toutes. Ce lieu, premier berceau de Rome, offrait donc dans les temps de trouble la position la plus favorable pour établir des postes de surveillance et résister aux tentatives populaires. C'était en même temps le plus beau, le plus salubre quartier de la ville, celui que les plus riches citoyens aimèrent toujours à habiter, et où demeuraient Cicéron et Catilina lui-même. Octave et Tibère s'y établirent plus tard, et achetèrent alors la plupart des habitations particulières pour agrandir leurs somptueux palais.

— 2. *Urbis vigiliæ*. A la nouvelle donnée par L. Sænius, que Mallius avait pris les armes en Étrurie, le sénat avait ordonné, entre autres mesures de précaution et de défense, que des postes seraient établis dans tous les quartiers de la ville et placés sous la main des magistrats inférieurs (Sall., *Cat.* xxx).

— 3. *Munitissimus locus*. Entre les différents édifices dont le consul avait le choix pour tenir les assemblées du sénat, et qui, pour la plupart, étaient des temples (les autres étaient des curies), Cicéron avait préféré, dans cette circonstance critique, celui de Jupiter Stator, comme étant le plus à l'abri d'un coup de main par sa situation à l'extrémité d'une des grandes voies (la voie neuve), et au pied du mont Palatin.

— 4. *Ora vultusque*. L'entrée de Catilina dans le sénat avait été accueillie par les signes de répulsion et de mépris de tous les sénateurs.

— 5. *Superiore nocte*. Venant après le mot *proxima*, qui désigne la nuit qui avait précédé immédiatement la séance, *superiore* s'applique à celle d'auparavant, c'est-à-dire celle où s'était tenue chez Læca l'assemblée dans laquelle avait été résolue la mort de Cicéron (Voy. chap. iv).

— 6. *P. Scipio.* Scipion Nasica, fils de Scipion le Censeur et petit-fils de celui qui avait été déclaré le plus honnête homme de la république (*optimus*), et avait été chargé à ce titre de recevoir la mère des dieux arrivant de Pessinonte. Il avait tué de sa main, au milieu du forum, le tribun Tib. Gracchus, qui, par des harangues séditieuses, cherchait à soulever le peuple contre le sénat; et cependant Gracchus était beaucoup moins coupable que Catilina, puisqu'il n'attaquait qu'un des ordres de l'État.

— 7. *Privatus.* La dignité de grand pontife n'étant pas une magistrature, ne donnait pas un caractère public à celui qui en était revêtu.

— 8. *C. Servilius Ahala.* Il avait été choisi pour général de la cavalerie par l'illustre dictateur Cincinnatus, et envoyé par lui pour sommer Sp. Mélius de comparaître à son tribunal. Celui-ci, accusé par le sénat d'aspirer à la tyrannie, pour avoir fait dans un temps de disette des distributions gratuites de grain au peuple, dont cette générosité l'avait rendu l'idole, refusa d'obéir à l'ordre de Cincinnatus. Servilius Ahala le tua, et sa conduite fut approuvée par le dictateur.

Page 6 : 1. *Senatusconsultum.* Le premier soin de Cicéron alarmé avait été de provoquer de la part du sénat le décret dont la formule solennelle : *Danto operam consules, ne....* mettait entre les mains des consuls une véritable dictature temporaire (Sall., *Cat.* XXIX).

— 2. *C. Gracchus.* Les Gracques avaient pour père Sempronius Gracchus, censeur, deux fois honoré du consulat et du triomphe, et pour aïeul le premier Scipion l'Africain. C. Gracchus fut tué dans un soulèvement, par le parti de la noblesse, dont le consul Opimius était le chef.

— 3. *M. Fulvius.* Consul et triumvir, ami des Gracques, il seconda leurs tentatives, fit exécuter la loi agraire, et voulut faire donner le droit de bourgeoisie à tous les peuples d'Italie. Il succomba dans la même circonstance et en même temps que C. Gracchus. Opimius eut la barbarie d'immoler aussi ses deux fils, dont l'un était encore enfant (Voy. Sall., *Jugurtha*, XLII).

— 4. *L. Saturninum.* Il avait été questeur et deux fois tribun du peuple. En cette dernière qualité, il avait favorisé puissamment les élections de Marius à son quatrième et à son sixième consulat. Jaloux de se faire proroger dans le tribunat, il n'avait pas craint de se l'assurer par le meurtre de son compétiteur. Encouragé par ce premier succès, il fit tuer ensuite Memmius, qui disputait le consulat à Servilius Glaucia, associé ou plutôt complice de Saturninus. Mais, au bruit de cet attentat, les sénateurs coururent aux armes, et Marius, quoique favorisant en secret les desseins de Saturninus et de Glaucia, fut obligé de marcher contre eux, les vainquit et les fit mettre à mort.

— 5. *In Etruriæ faucibus*. C'était à Fésules que Mallius avait réuni une armée composée, en grande partie, des vétérans de Sylla.

— 6. *Certa de causa*. Ce motif est celui qu'il explique aussitôt après et sur lequel il revient encore à la fin du discours. (Voy. ch. XI et XII.)

Page 8 : 1. *Ante diem* XII *kalendas novembres*. Les calendes étaient les premiers jours de chaque mois. Leur nom venait du mot *calare*, *appeler*, *annoncer*, parce que anciennement, et lorsque les computs des temps étaient soigneusement dérobés au public, à l'apparition de la nouvelle lune qui fixait les calendes, un petit pontife annonçait au peuple, convoqué pour cet objet devant la curie *Calabra*, sur le mont Capitolin, l'intervalle qui devait s'écouler des calendes aux *nones*, en répétant *calo* autant de fois que cet intervalle contenait de jours.

En effet, les *nones*, la seconde division du mois, étaient mobiles, c'est-à-dire qu'elles revenaient tantôt le cinquième, tantôt le septième jour, mais constamment neuf jours avant les *ides*, ce qui leur avait fait donner leur nom.

Enfin, les *ides*, la troisième division, variaient aussi du treizième au quinzième jour du mois, mais de manière à le partager en deux intervalles égaux. Leur dénomination leur venait du vieux mot *iduare*, *partager*.

Maintenant, si l'on veut se rendre compte des différentes dates citées dans les Catilinaires, il faut savoir que l'on comptait isolément les jours de chaque fraction du mois, et que la numération s'en faisait en rétrogradant; ainsi, par exemple, si l'on se trouve dans un mois où les *nones* tombent le cinquième jour, le jour qui suit les *calendes*, c'est-à-dire le deuxième jour, s'appelle le quatrième avant les *nones*, etc., et le quatrième se nomme la veille des *nones*, *pridie nonas*. Il en était de même pour les deux autres fractions; ainsi, le dernier jour d'un mois s'appelait la veille des calendes du mois suivant, *pridie kalendas;* et les autres jours, en remontant jusqu'aux *ides,* se désignaient par le nombre de ceux qui les séparaient des calendes prochaines. Donc, le douzième jour avant les calendes de novembre, correspondait, d'après notre manière de compter, au 20 octobre.

— 2. *Diem* VI. Ce jour répondait au 26 octobre.

— 3. *Præneste.* Ville du Latium, non loin de Rome, et dont Catilina voulait s'emparer, à cause de sa proximité même, qui en faisait un poste avantageux pour l'exécution de ses desseins.

— 4. *Inter falcarios.* Ce mot ne désigne pas des hommes armés de faux comme l'ont cru quelques interprètes, mais bien des ouvriers qui fabriquent des faux et des armes, des *fourbisseurs.* Rome était divisée en quatorze grandes régions, dont chacune renfermait plusieurs quartiers. Chaque région avait un numéro d'ordre et un nom emprunté soit à quelque monument, soit à la localité principale de sa circonscription, soit même à sa situation topographique; par exemple, les régions de la *porte Capène,* du *mont Cœlius,* du *Forum,* du *Cirque Maxime,* etc.

Les quartiers, au nombre de près de deux cents, n'avaient point de numéro d'ordre, mais seulement un nom pris d'un magistrat ou d'un monument, et souvent du genre d'individus ou d'artisans qui l'habitaient. *Inter falcarios* ne signifie donc autre chose que *in falcariorum vico.* C'est parce que la maison de Læca se trouvait dans ce quartier éloigné que Catilina l'avait choisie, comme offrant un asile plus sûr.

— 5. *Quosdam.* Salluste (*Cat.*, ch. XVII) nomme onze sénateurs attachés aux projets de Catilina.

Page 10 : 1. *Distribuisti partes Italiæ.* D'après Salluste, Catilina avait envoyé Mallius en Étrurie, Septimius dans le Picénum, et C. Julius dans l'Apulie, etc.

— 2. *Ad incendia.* Statinius et Gabinius étaient chargés de faire incendier à la fois douze quartiers désignés (Sall., *Cat.*, ch. XLIII).

— 3. *Duo equites romani.* Suivant Salluste, ces deux chevaliers se nommaient C. Cornélius et L. Varguntéius.

— 4. *Comperi.* Au moyen des révélations de Fulvie, dans l'esprit de laquelle Q. Curius, l'un des conjurés, avait fait naître des soupçons par d'extravagantes promesses (Sall., *Cat.*, ch. XIII).

— 5. *Comitiis consularibus*. Les comices tenus par Cicéron, et dans lesquels son influence avait fait désigner pour consuls Silanus et Muréna.

— 6. *In campo*. C'était dans le champ de Mars que se tenaient les comices pour les élections des magistrats.

On distinguait trois sortes de comices : les comices par *curies*, les comices par *centuries* et les comices par *tribus*.

L'institution des premiers remontait à Romulus, qui avait partagé tout le peuple en trois tribus, composées chacune de dix curies. Servius Tullius établit à son tour les comices par *centuries* : c'est le nom qu'il avait donné aux 193 nouvelles divisions dans lesquelles il avait partagé le peuple. L'ordre équestre en formait dix-huit ; les cent soixante-quinze autres se composaient du reste du peuple, et étaient distinguées en cinq classes qui prenaient rang suivant leur plus ou moins de richesse, et qui étaient toutes inégales entre elles quant au nombre de centuries qu'elles renfermaient. La première, par exemple, et la plus riche, en comptait quatre-vingt, et la cinquième, celle des *prolétaires* et des *capitecensi* n'en avait que trente. Dans cette nouvelle combinaison, les votes se comptaient, non plus par tête, comme dans les comices par curies, mais par *centurie ;* et comme ils se recueillaient suivant l'ordre numérique, il en résultait que les centuries des riches formaient toujours une majorité suffisante avant qu'on les eût épuisées toutes, et que les affaires étaient décidées sans que les dernières centuries fussent seulement appelées à donner leurs suffrages, surtout la dernière de toutes, qui renfermait à elle seule plus de citoyens que toutes les autres ensemble.

Après l'établissement des comices par *tribus*, les cent quatre-vingt-treize centuries de Servilius se trouvèrent réduites à quatre-vingt-deux, et les cinq classes à deux, celle des chevaliers et celle des simples citoyens. L'ordre équestre se composa de douze centuries et les soixante-dix autres furent réparties également dans les trente-cinq *tribus*. Pour garantir l'indépendance des comices par tribus, il fut réglé qu'à chaque réunion le sort déciderait laquelle des centuries donnerait son suffrage la première. Celle-ci prenait le nom de *centurie prérogative*, parce qu'elle exerçait sur les autres une influence morale si puissante que son vote devenait ordinairement celui de la majorité (Voy. *pro Murena*, ch. XVIII).

La composition et les attributions des trois sortes de comices étaient différentes. Les seuls habitants de Rome avaient voix dans les comices par curies, où l'on élisait les magistrats inférieurs seulement. Dans les deux autres, où il s'agissait de l'élection des consuls et des premiers magistrats, les habitants des colonies et des villes municipales avaient le droit de suffrage.

— 7. *Competitores tuos.* Silanus et Muréna.

— 8. *Amicorum præsidio.* Le consul, pour rendre évidente aux yeux de tous la grandeur du danger qu'il courait dans cette circonstance, revêtit une cuirasse apparente, et se fit accompagner par ses amis (Voy. *pro Murena*, ch. **XXVI**).

Page 12 : 1. *Num in exsilium ?* Tout accusé, quelle que fût la peine à laquelle il s'était exposé, même la mort, pouvait l'éviter en s'exilant lui-même (Voy. *pro Cœcina*, ch. **XXXIV**).

— 2. *Cui tu adolescentulo.* Salluste, que l'on a cru pouvoir accuser d'une sympathie secrète pour Catilina, trace néanmoins un tableau bien plus énergique et bien plus complet de ses désordres (Voy. Sall. *Catil.*, ch. **XIV** et **XVI**).

— 3. *Superioris uxoris.* Aurélia Orestilla, dans laquelle, dit Salluste, il n'y avait à louer que la beauté, avait inspiré à Catilina une si folle passion, que celui-ci fut soupçonné d'avoir fait mourir sa femme pour épouser cette courtisane. Il est vrai que ce crime ne fut jamais prouvé.

— 4. *Alio... scelere.* On regarda du moins comme certain le crime par lequel il écarta l'obstacle que formait encore à ses projets l'existence d'un fils déjà grand (Sall., *Cat.*, ch. **XV**). Cicéron fait peut-être allusion de préférence à un autre crime dont il accusa formellement Catilina dans une autre circonstance (*orat. in Toga candida*), en disant qu'il avait épousé sa propre fille.

— 5. *Idibus.* Les ides étaient le treizième ou le quinzième jour de chaque mois. C'était l'époque à laquelle les débiteurs payaient à leurs créanciers l'intérêt des sommes empruntées. Aussi Catilina, écrasé de dettes, avait-il fixé l'exécution de ses projets au jour qui précédait immédiatement cette époque fatale.

— 6. *Lepido et Tullo consulibus.* Salluste parle (*Catil.*, ch. **XVIII**) de cette conjuration du dernier jour de décembre 687, à laquelle on dit que César et Crassus prirent part, et qui ne manqua que par l'incertitude de César, qui, ne voyant pas paraître Crassus au moment convenu, ne donna pas le signal.

Page 14 : 1. *Non multa post commissa.* Cicéron aurait pu citer

2.

en effet beaucoup d'autres crimes connus de tout le monde; et c'est probablement ce qu'il a voulu dire. On trouve néanmoins dans plusieurs éditions : *Non multo post*; et alors l'orateur ferait allusion seulement à une seconde tentative faite par Catilina, le 5 février suivant, dans le même but que celle qui avait échoué la veille des calendes de janvier; cette tentative serait devenue inutile à son tour, mais par un motif contraire, par la trop grande précipitation de Catilina à donner le signal.

— 2. *Tuas petitiones*. Métaphore empruntée aux luttes des gladiateurs. L'expression suivante, *corpore effugi*, se rapporte aussi à leur pratique habituelle d'esquiver les coups par un brusque mouvement du corps.

— 3. *Quibus initiata sacris*. On consacrait les couteaux destinés aux sacrifices. L'orateur suppose que Catilina avait voué le sien à l'immolation des consuls, puisqu'il voulait le tremper dans son sang, après avoir essayé déjà d'en percer Cotta et Torquatus.

Page 16 : 1. *Civium neces*. A la faveur des troubles du temps de Sylla, Catilina avait pu tuer impunément plusieurs citoyens.

— 2. *Direptio sociorum*. Catilina, pendant sa préture en Afrique, avait exercé tant de dilapidations, qu'à son retour à Rome il fut accusé de concussion, circonstance qui l'empêcha de se mettre sur les rangs pour le consulat.

— 3. *Ad... perfringendasque*. Catilina avait échappé à cette accusation de concussion en achetant son accusateur lui-même, P. Clodius. Il avait su se soustraire également à plusieurs autres poursuites criminelles.

— 4. *Te ipse in custodiam dedisti*. Accusé par Cicéron, cité devant les tribunaux par L. Paullus, Catilina, voulant payer d'audace jusqu'au bout, feignit de se livrer lui-même à la justice, et de se constituer prisonnier volontaire. On confiait alors les accusés de quelque distinction à la garde d'un magistrat dans sa propre maison et sous sa responsabilité.

— 5. *M. Lepidum*. Non pas *Marcus* Lépidus, le collègue de Cicéron, mais *Manius* Lépidus, qui avait été consul avec Volcatius Tullus.

— 6. *Q. Metellum*. Q. Metellus Celer, qui fut plus tard consul avec L. Afranius.

— 7. *M. Marcellum.* Ce Marcellus, auquel Cicéron applique par ironie l'épithète de *virum optimum*, ne doit pas être confondu avec celui dont il est question plus loin.

Page 18 : 1. *P. Sextio.* Alors questeur du consul Antoine.

— 2. *M. Marcello.* C'est ici le M. Marcellus pour le rappel duquel Cicéron prononça dix-sept ans plus tard le beau discours connu sous le titre de *pro Marcello.* Descendant du Marcellus qui, le premier, vainquit Annibal, et se rendit maître de Syracuse, aussi distingué par ses talents et son courage que par sa naissance, il s'était montré pendant son consulat assez ami de la liberté de sa patrie pour se déclarer hautement contre César et s'opposer énergiquement dans le sénat à ses prétentions ambitieuses. Après la journée de Pharsale, il crut devoir s'exiler volontairement à Mitylène, et il s'y retira avec la résolution d'y passer le reste de ses jours et de se consoler avec les lettres et la philosophie. Quelques années après, sa constance fut ébranlée par les instances de son frère et de Cicéron ; il consentit à ce qu'on fît des démarches pour obtenir son rappel, et César se rendit à l'intercession du sénat.

— 3. *Ad portas prosequantur.* Allusion ironique à l'usage d'après lequel les citoyens illustres ou les magistrats élevés qui partaient pour un voyage étaient accompagnés jusqu'aux portes de la ville par un cortége de clients et d'amis.

— 4. *Duint,* forme ancienne pour *dent.*

— 5. *Est mihi tanti.* Cela vaut cela pour moi, j'y consens à ce prix.

— 6. *Impio latrocinio.* Le mot brigandage, qui offre la traduction littérale de *latrocinio,* ne rend pas toute l'étendue du sens de ce dernier, *latronum bello.*

Page 20 : 1. *Forum Aurelium.* On appelait *fora* les villes, bourgs ou villages où se tenaient les marchés appelés *Nundinæ.* Le forum d'Aurélius était sur la voie *Aurelia,* conduisant de Rome en Étrurie.

— 2. *Aquilam illam argenteam.* Si l'on en croit Salluste, cette aigle était celle qui avait servi à Marius dans la guerre des Cimbres. C'est à côté d'elle que Catilina se fit tuer à la bataille de Pistoie.

— 3. *Tu ut... possis.* Expression elliptique pour *qui fieri potest ut tu possis.*

— 4. *Otiosorum*. Ce mot offre un sens plus naturel que celui d'*occisorum*, qu'il faut expliquer par une circonstance à laquelle l'orateur a déjà fait allusion plus haut (Voy. la note 1 de la page 16).

— 5. *Te a consulatu repuli*. Les efforts et la vigilance de Cicéron avaient fait échouer la candidature de Catilina au consulat et triompher celle de Muréna (Voy. Sall., *Cat.*, ch. **XXVI**).

Page 22 : 1. *Leges... de civium romanorum supplicio*. Les lois Porcia et Sempronia, qui établissaient en faveur des citoyens romains des garanties contre les supplices, et particulièrement contre la peine de mort, qui ne pouvait être prononcée que par le peuple.

— 2. *Per te cognitum*. On sait que Cicéron était d'une naissance obscure ; il s'applique ici à lui-même ce qu'il dit ailleurs de Q. Pompée : *Qui summos honores, homo per se cognitus, sine ulla commendatione majorum, est adeptus* (*Brutus*, ch. **XXV**).

— 3. *Tam mature*. Cicéron avait parcouru tous les degrés des honneurs dans une seule et même année; distinction dont il avait fourni le premier exemple.

Page 24 : 1. *Collectos naufragos*. Ceux qui avaient vu le naufrage de leur fortune.

— 2. *Prætoris urbani*. C'était L. Valérius Flaccus, que Catilina et ses complices, tous chargés de dettes comme lui, voulaient empêcher de porter contre eux un jugement en faveur de leurs créanciers.

— 3. *Malleolos*. Sorte de pièce d'artifice, à laquelle la flèche qui servait à la lancer avait fait donner le nom de l'outil dont elle présentait la forme (*marteau*).

— 4. *Qui... es constitutus* équivaut à *cujus templum est constitutum*.

Page 26 : 1. *Statorem*. Ce mot n'est plus ici le surnom seulement de Jupiter, mais bien la qualification même qui s'y rattache et qui le motive. *Stator*, celui qui maintient debout, qui conserve.

ARGUMENT ANALYTIQUE

DU SECOND DISCOURS CONTRE CATILINA.

Après la séance du sénat, Catilina, accablé par la harangue de Cicéron, partit au milieu de la nuit pour le camp de Mallius, avec un petit nombre de ses complices, laissant à Céthégus, à Lentulus et à quelques autres le soin de tout mettre en œuvre pour fortifier le parti et hâter l'assassinat du consul, de tout disposer enfin pour le massacre, l'incendie et la guerre civile; il promettait de revenir bientôt lui-même aux portes de Rome à la tête d'une puissante armée (Sall., *Cat.*, ch. XXXII).

Le lendemain, Cicéron, informé de ces circonstances, monta à la tribune aux harangues, pour rendre compte au peuple de tout ce qui s'était passé. C'est le sujet de ce second discours, qui fut prononcé le 9 novembre de l'an de Rome 691, pendant que le sénat s'assemblait de son côté pour délibérer sur les mesures que le départ de Catilina pouvait rendre nécessaires.

I. L'orateur félicite les citoyens de l'éloignement de Catilina. Tous les dangers qui menaçaient la république sont écartés.

II. Qu'on ne reproche point au consul d'avoir laissé échapper un ennemi si dangereux; il a dû s'y résigner pour éclairer tous les doutes et pour contraindre les conjurés à lever le masque. Ce que Cicéron regrette, c'est que Catilina ait laissé un grand nombre de ses partisans, bien plus redoutables au sein de la ville que dans le camp de Mallius.

III. Que sont les ressources de Catilina, en comparaison de celles dont la république dispose? Les véritables ennemis sont dans Rome; mais Cicéron les connaît tous, il n'ignore aucun de leurs desseins, et il les engage à ne pas compter sur son indulgence.

IV. Qu'ils aillent rejoindre leur chef, s'ils veulent échapper à la rigueur du consul. Heureuse la république, déjà ranimée par le départ de Catilina, si tous les hommes pervers dont il a fait ses amis et ses complices vont se ranger sous son drapeau!

V. L'audace de ses partisans ne connaît plus de bornes, ils ne font entendre que menaces de mort et d'incendie. Souffrira-t-on qu'au milieu de la paix avec le monde entier, Rome ait à trembler dans ses propres murs devant une poignée de scélérats? Le consul se charge de leur faire la guerre et de les frapper, s'ils ne veulent ni s'exiler ni rentrer dans le devoir.

VI. Mais, d'un autre côté, on accuse Cicéron d'avoir arbitrairement exilé Catilina. Le consul a fait voir à Catilina qu'il était informé de tous ses desseins, il l'a engagé à partir, et Catilina s'est éloigné de lui-même, non pas pour aller en exil, mais pour se rendre au camp de Mallius.

VII. Si Catilina, contraint de renoncer à une guerre impie, allait réellement dans un lieu d'éxil, loin d'en faire honneur au consul, on l'accuserait de tyrannie. Cicéron ne s'en plaindrait point, pourvu que la patrie fût délivrée. Mais cet espoir ne se réalisera pas.

VIII. Le consul serait heureux de ramener dans le devoir les complices de Catilina; il les divise en plusieurs classes, il sait ce qu'il faut à chacune. La première est composée de gens chargés de dettes, qui ne veulent point se libérer par la vente de leurs biens; Cicéron se charge de faire vendre lui-même et de les ramener ainsi à une position meilleure.

IX. En second lieu viennent des hommes endettés, mais qui espèrent, au moyen des troubles, arriver aux honneurs. Ils ne voient pas que s'ils triomphaient (mais ce triomphe est impossible), on leur préférerait les fugitifs et les gladiateurs. La troisième classe se compose des anciens colons de Sylla, subitement enrichis et ruinés par un faste extravagant : ils se flattent en vain de voir le retour de temps à jamais maudits.

X. La quatrième classe n'est qu'un ramas de toutes sortes de gens poussés à la sédition par une misère qui est leur propre ouvrage; mais ce ne sont pas des soldats. S'ils veulent périr, qu'ils périssent seuls et sans infamie. La cinquième classe est formée de vils scélérats; qu'ils aillent se faire tuer avec Catilina. Enfin, au dernier degré se trouvent les intimes amis du chef, c'est-à-dire, ce qu'il y a de plus impur et de plus souillé dans l'État. Leur extermination est nécessaire au salut de la république.

XI. Et d'ailleurs leur perte est inévitable; ils doivent succomber dans cette lutte inégale de la faiblesse contre la force, du vice contre la vertu.

XII. Que les bons citoyens prennent confiance; qu'ils veillent à leur sûreté personnelle; le consul s'est chargé du reste et a pris déjà toutes les mesures. Il a les yeux ouverts sur les conjurés qui sont restés à Rome; il les exhorte de nouveau à partir; s'ils persistent à demeurer, il punira leurs moindres tentatives avec toute la rigueur des lois.

XIII. Cicéron fera son devoir sans occasionner aucun trouble, mais il compte moins sur la sagesse des conseils humains que sur la protection évidente des dieux.

ORATIO SECUNDA

IN L. CATILINAM.

———

I. Tandem aliquando, Quirites[1], L. Catilinam, furentem audacia, scelus anhelantem, pestem patriæ nefarie molientem, vobis atque huic urbi ferrum flammamque minitantem, ex urbe vel ejecimus, vel emisimus, vel ipsum egredientem verbis prosecuti sumus[2]. Abiit, excessit, evasit, erupit; nulla jam pernicies a monstro illo atque prodigio mœnibus ipsis intra mœnia comparabitur. Atque hunc quidem unum hujus belli domestici ducem sine controversia vicimus. Non enim jam inter latera nostra sica illa versabitur; non in campo[3], non in foro, non in curia, non denique intra domesticos parietes pertimescemus. Loco ille motus est, quum est ex urbe depulsus. Palam jam cum hoste, nullo impediente, bellum justum geremus. Sine dubio perdidimus hominem, magnificeque vicimus, quum illum ex occultis insidiis in apertum latrocinium conjecimus.

Quod vero non cruentum mucronem, ut voluit, extulit, quod, vivis nobis, egressus est, quod ei ferrum de manibus extorsimus, quod incolumes cives, quod stantem urbem reliquit, quanto tandem illum mœrore afflictum esse et profligatum putatis? Jacet ille nunc prostratus, Quirites, et se perculsum atque abjectum esse sentit, et retorquet oculos profecto sæpe ad hanc urbem, quam ex suis faucibus ereptam esse luget; quæ quidem lætari mihi videtur, quod tantam pestem evomuerit forasque projecerit.

II. At si quis est talis, quales esse omnes oportebat, qui in hoc ipso, in quo exsultat et triumphat oratio mea, me vehementer accuset, quod tam capitalem hostem non com-

SECOND DISCOURS
CONTRE L. CATILINA.

I. Enfin, Romains, ce Catilina, dont la fureur et l'audace ne respiraient que le crime, dont les complots sacriléges préparaient la ruine de la patrie et menaçaient du fer et de la flamme vos corps et vos biens, nous l'avons donc chassé de Rome, nous lui en avons ouvert les portes, si l'on veut, nous avons même accompagné de nos adieux son exil volontaire. Il est parti, il s'est retiré, sa frayeur ou sa rage l'ont emporté loin de nous, qu'importe! Désormais ce monstre de scélératesse ne travaillera plus à la perte de Rome dans le sein même de ses murs. Ce chef unique de la guerre civile, il est certain que nous l'avons vaincu. Son poignard ne menacera plus nos poitrines, nous n'aurons plus à le redouter au champ de Mars, au forum, au sénat, jusque dans nos maisons. On a chassé Catilina de son poste, en l'expulsant de Rome; c'est un ennemi maintenant, et nous lui ferons, sans que personne s'y oppose, une guerre ouverte et légitime. Nous avons incontestablement assuré sa perte et remporté un magnifique triomphe, en forçant le ténébreux conspirateur à devenir un factieux déclaré.

S'il n'a pas, au gré de ses désirs, emporté son glaive teint de sang; si j'ai pu survivre à son départ; si j'ai arraché le fer de ses mains; s'il a laissé les citoyens sains et saufs et la ville debout, de quelle accablante douleur ne pensez-vous pas qu'il soit aujourd'hui pénétré? Il est maintenant abattu, Romains, il sent le coup qui le frappe et l'anéantit, et ses regards se tournent plus d'une fois sans doute vers cette Rome qu'il déplore de voir arracher à sa rage, tandis qu'elle se réjouit d'avoir vomi de son sein et rejeté loin d'elle ce redoutable fléau.

II. Si cependant il se trouve quelque citoyen aussi zélé que tous devraient l'être, qui, dans le moment même où je m'applaudis et où je triomphe de ce que j'ai fait, m'accuse avec aigreur de ne

prehenderim potius, quam emiserim, non est ista mea culpa,
Quirites, sed temporum. Interemptum esse L. Catilinam et
gravissimo supplicio affectum jampridem oportebat, idque a me
et mos majorum[1], et hujus imperii[2] severitas, et respublica
postulabat. Sed quam multos fuisse putatis, qui, quæ ego deferrem, non crederent? quam multos, qui propter stultitiam
non putarent? quam multos, qui etiam defenderent? quam
multos, qui propter improbitatem faverent? Ac si sublato illo
depelli a vobis omne periculum judicarem, jam pridem ego
L. Catilinam non modo invidiæ meæ, verum etiam vitæ periculo sustulissem.

Sed quum viderem, ne vobis quidem omnibus re etiam
tum probata, si illum, ut erat meritus, morte multassem, fore
ut ejus socios, invidia oppressus, persequi non possem, rem
huc deduxi, ut tum palam pugnare possetis, quum hostem
aperte videretis; quem quidem ego hostem, Quirites, quam
vehementer foris esse timendum putem, licet hinc intelligatis,
quod illud etiam moleste fero, quod ex urbe parum comitatus
exierit. Utinam ille omnes secum suas copias eduxisset! Ton-
gilium mihi[3] eduxit, quem amare in prætexta[4] cœperat; Pu-
blicium et Munatium, quorum æs alienum, contractum in po-
pina, nullum reipublicæ motum afferre poterat : reliquit
quos viros! quanto alieno ære! quam valentes! quam no-
biles!

III. Itaque ego illum exercitum, et Gallicanis legionibus[5]
et hoc delectu, quem in agro Piceno et Gallico Q. Metellus[6]
habuit, et his copiis, quæ a nobis quotidie comparantur, magnopere contemno, collectum ex senibus desperatis, ex agresti
luxuria, ex rusticis decoctoribus, ex iis, qui vadimonia deserere[7] quam illum exercitum maluerunt; quibus ego non modo
si aciem exercitus nostri, verum etiam si edictum prætoris[8]
ostendero, concident. Hos, quos video volitare in foro, quos
stare ad curiam, quos etiam in senatum venire, qui nitent
unguentis, qui fulgent purpura[9], mallem secum suos milites
eduxisset; qui si hic permanent, mementote, non tam exercitum illum esse nobis, quam hos, qui exercitum deseruerunt,
pertimescendos. Atque hoc etiam sunt timendi magis, quod,
quid cogitent, me scire sentiunt, neque tamen permoventur.

m'être pas emparé d'un ennemi si capital, au lieu de l'avoir laissé partir, la faute n'en est pas à moi, Romains, mais aux circonstances. Catilina devait mourir depuis longtemps, et par le plus cruel supplice; l'usage de nos ancêtres, la rigueur de l'autorité consulaire, l'intérêt de la république le réclamaient. Mais combien de citoyens ne croyaient pas aux complots que je dénonçais! Combien d'insensés restaient dans le doute! Combien même les excusaient! Combien de méchants les favorisaient de leurs vœux! Si j'avais cru que la mort de Catilina pût écarter tout danger de vos têtes, il y a longtems que je vous aurais délivrés de lui, non-seulement aux dépens de mon repos, mais au prix même de ma vie.

Mais je voyais bien que si, avant de vous avoir convaincus tous de son crime, je le livrais à un supplice mérité, la haine que je soulèverais contre moi m'ôterait les moyens de poursuivre ses complices, et j'ai conduit les choses à ce point, que vous pussiez le combattre ouvertement, lorsqu'il se serait déclaré sans détour votre ennemi. Et cet ennemi, vous pouvez juger, Romains, combien il me paraît redoutable hors de nos murs, puisque c'est même un chagrin pour moi, qu'il ne soit parti qu'avec un petit nombre de ses satellites. Plût aux dieux qu'il eût entraîné toutes ses forces! Il a emmené un Tongilius pour lequel, encore enfant, il s'était épris d'une passion coupable; un Publicius, un Munatius, dont les dettes, contractées dans les tavernes, ne pouvaient amener aucun trouble dans la république. Mais quels hommes il a laissés! combien ils sont redoutables par l'énormité de leurs dettes! par leur puissance! par la noblesse de leur nom!

III. Pour moi, quand je considère les légions de la Gaule, celles que Q. Métellus a levées chez les Picentins et les Gaulois, et les forces que nous rassemblons chaque jour, je méprise profondément cette armée composée de vieillards sans ressources, de grossiers libertins, de villageois dissipateurs, de ces gens qui aiment mieux fuir la justice que déserter le drapeau de la conjuration, et que je puis abattre tous en leur montrant, non pas nos soldats en bataille, mais seulement un édit du préteur. J'aurais préféré que Catilina fît entrer dans ses rangs ces hommes que je vois voltiger au forum, assiéger les portes du sénat, entrer dans cette assemblée même, qui s'inondent de parfums et sont éclatants de pourpre; s'ils restent dans Rome, souvenez-vous que l'armée même du rebelle est moins redoutable pour nous que ceux qui n'ont pas été la rejoindre. Et nous devons d'autant plus les craindre, qu'ils me savent instruit de leurs projets, et que pourtant ils ne s'en émeuvent pas.

Video, cui Apulia sit attributa[1], qui habeat Etruriam, qui agrum Picenum, qui Gallicum, qui sibi has urbanas insidias cædis atque incendiorum depoposcerit. Omnia superioris noctis[2] consilia ad me delata esse sentiunt ; patefeci in senatu hesterno die ; Catilina ipse pertimuit, profugit : hi quid exspectant ? Næ illi vehementer errant, si illam meam pristinam lenitatem perpetuam sperant futuram.

IV. Quod exspectavi jam sum assecutus, ut vos omnes factam esse aperte conjurationem contra republicam videretis ; nisi vero si quis est, qui Catilinæ similes cum Catalina sentire non putet. Non est jam lenitati locus ; severitatem res ipsa flagitat. Unum etiam nunc concedam : exeant, proficiscantur, ne patiantur desiderio sui Catilinam miserum tabescere. Demonstrabo iter : Aurelia via profectus est. Si accelerare volent, ad vesperam consequentur.

O fortunatam rempublicam, si quidem hanc sentinam hujus urbis ejecerit! Uno mehercule Catilina exhausto[3], relevata mihi et recreata respublica videtur. Quid enim mali aut sceleris fingi aut excogitari potest, quod non ille conceperit? Quis tota Italia veneficus, quis gladiator, quis latro, quis sicarius, quis parricida, quis testamentorum subjector[4], quis circumscriptor, quis ganeo, quis nepos, quis adulter, quæ mulier infamis, quis corruptor juventutis, quis corruptus, quis perditus inveniri potest, qui se cum Catilina non familiarissime vixisse fateatur? Quæ cædes per hosce annos sine illo acta est? Quod nefarium stuprum non per illum?

Jam vero quæ tanta in ullo unquam homine juventutis illecebra[5] fuit, quanta in illo? qui alios ipse amabat turpissime, aliorum amori flagitiosissime serviebat, aliis fructum libidinum, aliis mortem parentum, non modo impellendo, verum etiam adjuvando, pollicebatur. Nunc vero quam subito, non solum ex urbe, verum etiam ex agris, ingentem numerum perditorum hominum collegerat! Nemo, non modo Romæ, sed nec ullo in angulo totius Italiæ, oppressus ære alieno fuit, quem non ad hoc incredibile sceleris fœdus adsciverit.

V. Atque ut ejus diversa studia in dissimili ratione perspicere possitis, nemo est in ludo gladiatorio paulo ad facinus audacior, qui se non intimum Catilinæ esse fateatur ; nemo

Je vois celui à qui l'Apulie est échue en partage, celui qui doit avoir l'Étrurie, celui qui est chargé du Picénum, celui qui se rendra dans la Gaule, celui qui a sollicité la perfide mission de livrer Rome au carnage, à l'incendie. Tous leurs projets de l'avant-dernière nuit m'ont été dénoncés, ils le savent; je les ai fait connaître hier au sénat; Catilina lui-même a tremblé, il a pris la fuite; ceux-ci, qu'attendent-ils? Certes, ils se trompent grandement, s'ils espèrent que ma longue indulgence n'aura pas de bornes.

IV. Mon but est atteint, car vous voyez tous clairement qu'une conjuration a été formée contre la république, et l'on ne pensera pas sans doute que les pareils de Catilina ne partagent point ses projets. Il ne s'agit plus aujourd'hui de clémence; tout nous commande la sévérité. Je leur accorderai pourtant encore une grâce: qu'ils sortent de Rome, qu'ils partent, qu'ils ne laissent pas Catilina languir misérablement dans l'impatience de les revoir. Je leur indiquerai le chemin: il est parti par la voie Aurélia. S'ils veulent se hâter, ils l'atteindront ce soir.

Heureuse la république, si elle pouvait rejeter cette fange de nos murs! Purgée de la présence seule de Catilina, Rome semble revenir à la confiance et à la vie. Peut-on se figurer un excès ou un crime dont il n'ait conçu la pensée? Est-il dans toute l'Italie empoisonneur, gladiateur, brigand, assassin, parricide, fabricateur de testaments, suborneur, libertin, débauché, adultère, femme perdue, corrupteur de la jeunesse, homme sans mœurs et sans foi, qui ne confesse avoir vécu dans la familiarité la plus intime avec Catilina? Quel meurtre s'est commis dans ces dernières années, dont il n'ait été le complice? Quelle criminelle débauche dont il n'ait été le ministre?

Qui, d'ailleurs, possède comme lui l'art de séduire la jeunesse? Enivré pour les uns de la plus vile passion, il se prêtait avec la plus coupable complaisance aux désordres des autres. Il promettait à ceux-ci la satisfaction de leurs désirs; à ceux-là, la mort de leurs parents, et non content de les pousser au meurtre, il les y aidait encore. Aussi, comme il avait été prompt à rassembler autour de lui, non-seulement de la ville, mais de la campagne, un nombre immense de scélérats! Il n'y a pas dans Rome, pas même dans le plus petit coin de l'Italie, un homme écrasé de dettes qu'il n'ait attiré dans cette incroyable association de crimes.

V. Et pour vous faire connaître le mélange et la diversité de ses goûts, sachez qu'il n'est pas dans une école de gladiateurs un homme un peu plus audacieux que les autres pour un coup de main, qui ne s'avoue l'intime ami de Catilina; ni sur le théâtre, un histrion fri-

in scena levior et nequior, qui se non ejusdem prope sodalem fuisse commemoret. Atque idem tamen, stuprorum et scelerum exercitatione assuefactus frigore et fame et siti ac vigiliis perferendis, fortis ab istis praedicabatur, quum industriae subsidia atque instrumenta virtutis[1] in libidine audaciaque consumeret.

Hunc vero si secuti erint sui comites, si ex urbe exierint desperatorum hominum flagitiosi greges, o nos beatos, o rempublicam fortunatam, o praeclaram laudem consulatus mei! Non enim jam sunt mediocres hominum libidines, non humanae audaciae ac tolerandae : nihil cogitant, nisi caedes; nisi incendia, nisi rapinas; patrimonia sua profuderunt; fortunas suas abligurierunt; res eos jampridem, fides deficere nuper coepit; eadem tamen illa, quae erat in abundantia, libido permanet. Quod si in vino et alea comissationes solum et scorta quaererent, essent illi quidem desperandi, sed tamen essent ferendi. Hoc vero quis ferre possit, inertes homines fortissimis viris insidiari, stultissimos prudentissimis, ebriosos sobriis, dormientes vigilantibus? Qui mihi accubantes in conviviis, complexi mulieres impudicas, vino languidi, confecti cibo, sertis redimiti, unguentis obliti, debilitati stupris, eructant sermonibus suis caedem bonorum atque urbis incendia.

Quibus ego confido impendere fatum aliquod, et poenas, jamdiu improbitati, nequitiae, sceleri, libidini debitas, aut instare jam plane, aut certe jam appropinquare. Quos si meus consulatus, quoniam sanare non potest, sustulerit, non breve nescio quod tempus, sed multa secula propagarit reipublicae. Nulla est enim natio, quam pertimescamus; nullus rex, qui bellum populo romano facere possit. Omnia sunt externa unius[2] virtute terra marique pacata : domesticum bellum manet; intus insidiae sunt; intus inclusum periculum est; intus est hostis. Cum luxuria nobis, cum amentia, cum scelere certandum est. Huic ego me bello ducem profiteor, Quirites; suscipio inimicitias hominum perditorum. Quae sanari poterunt, quacumque ratione sanabo : quae resecanda erunt, non patiar ad perniciem civitatis manere. Proinde aut exeant, aut quiescant; aut, si et in urbe et in eadem mente permanent, ea, quae merentur, exspectent.

vole et dissolu, qui ne se vante d'avoir été, pour ainsi dire, son compagnon de débauches. Et pourtant ce même homme, formé, par l'habitude de l'adultère et du crime, à supporter le froid, la faim, la soif et les veilles, était glorifié par les siens pour son courage, tandis qu'il épuisait au service de son libertinage et de ses forfaits les ressources de l'habileté et les instincts naturels de la vertu.

Si ses compagnons voulaient le suivre, si cet infâme troupeau d'hommes perdus sortait de la ville, quelle joie pour nous, quel bonheur pour la république, quelle gloire éclatante pour mon consulat! Car aujourd'hui leurs excès ne connaissent plus de frein, leur audace inouïe n'est plus tolérable; ils ne rêvent que massacres, qu'incendies, que pillage; ils ont dissipé leur patrimoine, englouti leur fortune; à la perte dès longtemps consommée de leurs biens, s'ajoute à présent celle de leur crédit; et pourtant ils conservent encore ce même goût pour le désordre, qu'ils avaient au sein de l'opulence. Si du moins ils ne cherchaient dans leurs orgies que le vin, le jeu, la débauche, il faudrait sans doute désespérer d'eux, cependant on les supporterait. Mais comment souffrir les embûches que la lâcheté tend au courage, la folie à la sagesse, l'intempérance à la sobriété, le sommeil à la vigilance? Nonchalamment couchés dans leurs festins, entourés de femmes impudiques, affaissés par l'ivresse, gorgés de mets, couronnés de guirlandes, inondés de parfums, énervés de débauches, ils vomissent dans leurs discours impies des menaces de meurtre contre les bons citoyens et d'incendie contre la ville.

Ils sont menacés, je n'en doute pas, de quelque coup fatal; le châtiment depuis longtemps mérité par leur perversité, leurs déréglements, leurs infamies et leurs crimes, est déjà suspendu sur leurs têtes, ou va bientôt les atteindre. Si mon autorité, impuissante à les guérir, les fait disparaître, elle aura prolongé la vie de la république, non pas d'un plus ou moins grand nombre de jours, mais d'une longue suite de siècles. Car il n'est pas de nation qui nous soit redoutable; pas de roi qui puisse faire la guerre au peuple romain. Partout au dehors la valeur d'un seul homme a ramené la paix sur terre et sur mer: c'est une guerre domestique qui nous reste; c'est au dedans que sont les embûches; c'est au dedans qu'est renfermé le péril. La luxure, la démence, le crime, voilà les ennemis qu'il nous faut combattre. Romains, je me proclame le chef de cette guerre; je prends sur moi la haine des pervers. Les plaies qui pourront être guéries, je les guérirai par quelque moyen que ce soit; s'il y a des membres à retrancher, je ne souffrirai pas qu'ils subsistent pour la perte de l'État. Qu'ils sortent donc ou qu'ils restent tranquilles; ou s'ils ne veulent ni quitter la ville, ni renoncer à leurs projets, qu'ils s'attendent au sort qu'ils ont mérité.

VI. At etiam sunt, Quirites; qui dicant, a me in exsilium ejectum esse Catilinam. Quod ego si verbo assequi possem, istos ipsos ejicerem, qui hæc loquuntur. Homo videlicet timidus et permodestus vocem consulis ferre non potuit : simul atque ire in exsilium jussus est, paruit, ivit. Hesterno die, quum domi meæ pene interfectus essem[1], senatum in ædem Jovis Statoris convocavi ; rem omnem ad patres conscriptos detuli. Quo quum Catilina venisset, quis eum senator appellavit? quis salutavit? quis denique ita adspexit ut perditum civem, ac non potius ut importunissimum hostem? Quin etiam principes ejus ordinis partem illam subselliorum, ad quam ille accesserat, nudam atque inanem reliquerunt.

Hic ego vehemens ille consul, qui verbo cives in exsilium ejicio, quæsivi a Catilina, an nocturno conventu apud M. Læcam fuisset, necne. Quum ille, homo audacissimus, conscientia convictus, primo reticuisset, patefeci cetera ; quid ea nocte egisset, quid in proximam constituisset, quemadmodum esset ei ratio totius belli descripta, edocui. Quum hæsitaret, quum teneretur, quæsivi, quid dubitaret proficisci eo, quo jampridem pararet, quum arma, quum secures, quum fasces[2], quum tubas, quum signa militaria, quum aquilam illam argenteam, cui ille etiam sacrarium scelerum domi suæ fecerat, scirem esse præmissam.

In exsilium ejiciebam, quem jam ingressum esse in bellum videbam? Etenim, credo, Mallius iste, centurio, qui in agro Fesulano castra posuit, bellum populo Romano suo nomine indixit, et illa castra nunc non Catilinam ducem exspectant, et ille, ejectus in exsilium, se Massiliam[3], ut aiunt, non in hæc castra conferet.

VII. O conditionem miseram, non modo administrandæ, verum etiam conservandæ reipublicæ! Nunc si L. Catilina, consiliis, laboribus, periculis meis circumclusus ac debilitatus, subito pertimuerit, sententiam mutaverit, deseruerit suos, consilium belli faciendi abjecerit, ex hoc cursu sceleris et belli iter ad fugam atque in exsilium converterit, non ille a me spoliatus armis audaciæ, non obstupefactus ac perterritus mea diligentia, non de spe conatuque depulsus, sed indemnatus, innocens, in exsilium ejectus a consule vi et minis esse dicetur : et erunt,

VI. Mais il en est parmi vous, Romains, qui disent que j'ai banni Catilina. Si mes paroles avaient ce pouvoir, je bannirais aussi ceux qui tiennent ce langage. Sans doute cet homme si timide et si modeste n'a pu soutenir la voix du consul : aussitôt qu'elle a prononcé l'ordre d'exil, il s'est soumis, il est parti. Hier toutefois, après avoir failli d'être assassiné dans ma maison, je convoquai le sénat dans le temple de Jupiter Stator, pour lui rendre compte de toute la conjuration. Lorsque Catilina parut, quel sénateur lui adressa la parole? Qui le salua? Qui ne le regarda pas de l'œil dont on voit un mauvais citoyen, ou plutôt l'ennemi le plus redoutable? Que dis-je! les plus distingués du sénat quittèrent et laissèrent vide le côté des sièges où il était venu se placer.

C'est alors que moi, moi ce consul violent, qui d'un mot chasse et bannis les citoyens, je demandai à Catilina s'il était vrai ou non qu'il eût fait partie d'une assemblée nocturne chez M. Læca. Cet homme si plein d'audace, convaincu par sa conscience, se tut d'abord, et je dévoilai tout. Je fis connaître sa conduite pendant cette même nuit, ses résolutions pour la suivante, son plan pour toute la guerre. Le voyant interdit, confondu, je lui demandai comment il hésitait à partir pour les lieux où il devait depuis longtemps se rendre, puisque je savais qu'il avait envoyé devant lui des armes, des haches, des faisceaux, des trompettes, des étendards, et cette aigle d'argent à laquelle il avait fait dans sa maison un sanctuaire consacré par le crime.

J'envoyais en exil celui que je savais avoir déjà commencé la guerre? Je le crois, en effet, c'est un Mallius, un centurion, campé dans le territoire de Fésules, qui a déclaré la guerre au peuple romain en son propre nom! Ce n'est pas Catilina que cette armée attend pour général; et, contraint de s'exiler, c'est à Marseille, comme ils le disent, et non pas au camp de Fésules, que celui-ci se retire!

VII. O quelle tâche pénible que de gouverner, et plus encore de sauver la république! Aujourd'hui, si L. Catilina, enchaîné et affaibli par ma vigilance, par mes efforts et mon dévouement, s'effrayait tout à coup, changeait de résolution, abandonnait ses complices, renonçait à ses projets de guerre, sortait de cette carrière de crimes et de combats, pour prendre le parti de la fuite et de l'exil; on ne dirait pas que c'est moi qui ai désarmé son audace, confondu, déconcerté ses projets par mon activité, anéanti ses espérances et ses efforts : ce serait un innocent, jeté sans jugement en exil par la violence et les menaces du consul; alors, on trouverait

DISCOURS CONTRE CATILINA.   3

qui illum, si hoc fecerit, non improbum, sed miserum, me non
diligentissimum consulem, sed crudelissimum tyrannum existi-
mari velint.

Est mihi tanti[1], Quirites, hujus invidiæ falsæ atque ini-
quæ tempestatem subire, dummodo a vobis hujus horribilis
belli ac nefarii periculum depellatur. Dicatur sane ejectus esse
a me, dummodo eat in exsilium. Sed, mihi credite, non est
iturus. Nunquam ego a diis immortalibus optabo, Quirites, invidiæ meæ levandæ causa, ut L. Catilinam ducere exercitum
hostium, atque in armis volitare audiatis; sed triduo tamen
audietis, multoque magis illud timeo, ne mihi sit invidiosum
aliquando, quod illum emiserim potius, quam quod ejecerim.
Sed quum sint homines, qui illum, quum profectus sit, ejectum esse dicant, iidem, si interfectus esset, quid dicerent?

Quanquam isti, qui Catilinam Massiliam ire dictitant,
non tam hoc queruntur, quam verentur. Nemo est istorum
tam misericors, qui illum non ad Mallium quam ad Massi-
lienses ire malit : ille autem, si mehercules hoc, quod agit,
nunquam ante cogitasset, tamen latrocinantem se interfici
mallet, quam exsulem vivere. Nunc vero, quum ei nihil adhuc
præter ipsius voluntatem cogitationemque acciderit, nisi quod
vivis nobis Roma profectus est, optemus potius ut eat in exsilium, quam queramur.

VIII. Sed cur tamdiu de uno hoste loquimur, et de eo
hoste, qui jam fatetur se esse hostem, et quem, quia, quod
semper volui, murus interest, non timeo; de his, qui dissimu-
lant, qui Romæ remanent, qui nobiscum sunt, nihil dicimus?
Quos quidem ego, si ullo modo fieri possit, non tam ulcisci
studeo, quam sanare, et ipsos placare reipublicæ; neque, id
quare fieri non possit, si me audire volent, intelligo. Exponam
enim vobis, Quirites, ex quibus generibus hominum istæ copiæ
comparentur; deinde singulis medicinam consilii atque ora-
tionis meæ, si quam potero, afferam.

Unum genus est eorum, qui, magno in ære alieno,
majores etiam possessiones habent, quarum amore adducti
dissolvi[2] nullo modo possunt. Horum hominum species est
honestissima; sunt enim locupletes : voluntas vero et causa
impudentissima. Tu agris, tu ædificiis, tu argento, tu familia,

même des gens qui le regarderaient, non comme un mauvais citoyen, mais comme une victime, et qui verraient en moi, au lieu d'un consul plein de zèle, un tyran plein de cruauté.

Eh bien! je consens, Romains, à essuyer l'orage d'une aveugle et injuste haine, pourvu que j'écarte de vous le danger de cette guerre affreuse et sacrilége. Qu'on dise, si l'on veut, que je l'ai chassé, pourvu qu'il aille en exil. Mais il n'ira pas, croyez-moi. Jamais, Romains, le désir d'échapper à la haine qui peut m'atteindre ne me fera demander aux dieux immortels que vous entendiez dire: Catilina est à la tête des ennemis, il s'avance en armes contre nous; vous l'apprendrez néanmoins avant trois jours; et si je crains que l'on me fasse plus tard un reproche, c'est bien plutôt de l'avoir laissé partir de Rome que de l'en avoir chassé. Mais puisqu'il y a des hommes qui donnent à son départ le nom de bannissement, que diraient-ils, si je l'avais fait mettre à mort?

Au reste, ceux qui répètent que Catilina se rend à Marseille, s'en plaignent moins qu'ils ne le craignent. De tous ceux qui déplorent son exil, il n'en est pas un qui n'aime mieux le voir aller au camp de Mallius qu'à Marseille; et lui-même, je vous l'assure, quand il n'aurait jamais formé le dessein qu'il accomplit aujourd'hui, il aimerait encore mieux périr en brigand que de vivre en exilé. Mais aujourd'hui que rien n'est arrivé de contraire à ses désirs, si ce n'est qu'en partant de Rome il m'y a laissé vivant, souhaitons qu'il aille en exil, bien loin de nous en plaindre.

VIII. Mais pourquoi parler si longtemps d'un seul ennemi, d'un ennemi qui se proclame tel, et que je ne redoute plus, depuis qu'un mur nous sépare de lui, comme je n'ai cessé de le vouloir? N'avons-nous rien à dire de ceux qui prennent un masque, qui restent dans Rome, qui sont au milieu de nous? Pour moi, je cherche bien moins à en tirer vengeance qu'à les ramener, si cela m'est possible, et à les réconcilier avec la république; et je ne vois pas ce qui m'empêcherait d'y réussir, s'ils voulaient m'écouter. Je vous ferai connaître d'abord, citoyens, de quelles classes d'hommes se composent les bataillons de Catilina; ensuite j'apporterai, si je le puis, par des conseils adressés à chacune d'elles, le remède dont elle a besoin.

La première classe se compose de gens qui ont des dettes considérables, et qui possèdent des biens plus grands encore; mais leur attachement inébranlable à ces biens ne leur laisse aucun moyen de s'acquitter. Ce sont les hommes les plus honnêtes en apparence, car ils sont riches; mais ce qu'ils veulent, ce qu'ils prétendent est révoltant. Comment! vous avez des terres, des palais, de l'argente-

tu rebus omnibus ornatus et copiosus sis, et dubites de pos-
sessione detrahere, acquirere ad fidem? Quid enim exspectas?
Bellum? Quid? Ergo in vastatione omnium tuas possessiones
sacrosanctas futuras putas? An tabulas novas [1]? Errant, qui
istas a Catilina exspectant. Meo beneficio tabulæ novæ profe-
rentur, verum auctionariæ [2]. Neque enim isti, qui possessiones
habent, alia ratione ulla salvi esse possunt. Quod si maturius
facere voluissent, neque, id quod stultissimum est, certare
cum usuris fructibus prædiorum, et locupletioribus his et me-
lioribus civibus uteremur. Sed hosce homines minime puto
pertimescendos, quod aut deduci de sententia possunt, aut,
si permanebunt, magis mihi videntur vota facturi contra rempublicam, quam arma laturi.

IX. Alterum genus est eorum, qui, quanquam premuntur ære alieno, dominationem tamen exspectant, rerum
potiri volunt, honores, quos quieta republica desperant, per-
turbata consequi se posse arbitrantur. Quibus hoc præcipien-
dum videtur, unum scilicet et idem, quod ceteris omnibus, ut
desperent se id, quod conantur, consequi posse : primum
omnium, me ipsum vigilare, adesse, providere reipublicæ ;
deinde magnos animos esse in bonis viris, magnam concor-
diam, maximam multitudinem, magnas præterea copias mi-
litum ; deos denique immortales huic invicto populo, clarissimo imperio, pulcherrimæ urbi contra tantam vim sceleris
præsentes auxilium esse laturos. Quod si jam sint id, quod
cum summo furore cupiunt, adepti, num illi in cinere urbis
et in sanguine civium, quæ mente conscelerata ac nefaria con-
cupierunt, consules se ac dictatores, aut etiam reges sperant
futuros? Non vident se cupere id, quod si adepti fuerint, fugi-
tivo alicui aut gladiatori [3] concedi sit necesse?

Tertium genus est ætate jam affectum [4], sed tamen
exercitatione robustum : quo ex genere iste est Mallius, cui
nunc Catilina succedit. Hi sunt homines ex iis coloniis, quas
Sulla constituit [5]; quas ego universas civium esse optimorum
et fortissimorum virorum sentio : sed tamen hi sunt coloni,
qui se in insperatis repentinisque pecuniis sumptuosius inso-
lentiusque jactarunt. Hi dum ædificant, tamquam beati, dum
prædiis, lecticis, familiis magnis, conviviis apparatis delec-

rie, des esclaves, des richesses de toute sorte, et vous balancez à diminuer vos possessions pour augmenter votre crédit? Car enfin qu'attendez-vous? La guerre? Mais quoi? Pensez-vous donc qu'au milieu de la dévastation générale vos propriétés seront inviolables? Est-ce l'abolition des dettes? c'est une erreur de l'espérer de Catilina. C'est moi qui accorderai ce bienfait, mais par la vente forcée des biens; car, pour ceux qui possèdent, il n'est pas d'autre moyen de se libérer. S'ils avaient voulu l'employer plus tôt, au lieu de lutter en insensés contre l'usure avec les revenus de leurs domaines, ils seraient plus riches et meilleurs citoyens. Mais d'ailleurs je ne les crois pas du tout redoutables, car on peut les faire changer de sentiment; ou, s'ils persévèrent, ils feront, ce me semble, des vœux contre la république plutôt qu'ils ne prendront les armes contre elle.

IX. La seconde classe est composée d'hommes qui, bien qu'écrasés de dettes, n'aspirent pas moins à dominer; ils veulent le pouvoir; ils pensent, à la faveur des troubles, atteindre aux honneurs, qu'ils désespèrent d'obtenir tant que la république sera dans le calme. Le seul conseil qu'il faille, à mon avis, leur donner comme à tous les autres, c'est de renoncer à voir leur ambition satisfaite. Qu'ils sachent avant tout que je veille sur la patrie, que mon dévouement et mes soins ne lui manquent jamais; ensuite que les gens de bien sont pleins de courage, étroitement unis et très-nombreux; que nous avons en outre de grandes forces militaires; qu'enfin les dieux immortels protégeront toujours contre une aussi criminelle audace ce peuple invincible, cet illustre empire, cette admirable cité. Et quand ils auraient obtenu déjà ce qu'ils convoitent avec tant de fureur, est-ce donc au milieu de Rome en cendres et noyée au sang des citoyens, comme ils en ont fait l'horrible et sacrilége vœu, qu'ils espèrent être consuls, dictateurs ou même rois? Ne voient-ils pas qu'ils ambitionnent un pouvoir qu'ils seraient forcés de céder, s'ils l'obtenaient, à quelque esclave fugitif ou à quelque gladiateur?

La troisième classe comprend des hommes déjà sur le déclin de l'âge, mais encore robustes, grâce à leurs travaux: du nombre est ce Mallius, que Catilina va remplacer. Ils ont appartenu aux colonies fondées par Sylla, colonies formées en général, je le sais, de citoyens honnêtes et courageux, mais il en est parmi eux qui, devenus riches tout à coup et contre toute espérance, ont consumé leur fortune par un faste insensé. Pour avoir voulu bâtir comme les grands, avoir des terres, des équipages, de nombreux esclaves, une table somp-

tantur, in tantum æs alienum inciderunt, ut, si salvi esse
velint, Sulla sit iis ab inferis excitandus. Qui etiam nonnullos
agrestes, homines tenues atque egentes, in eamdem illam spém
rapinarum veterum impulerunt; quos ego utrosque, Quirites,
in eodem genere prædatorum direptorumque pono. Sed eos
hoc moneo : desinant furere ac proscriptiones et dictaturas
cogitare. Tantus enim illorum temporum dolor inustus est civitati, ut jam ista non modo homines, sed ne pecudes quidem
mihi passuræ esse videantur.

X. Quartum genus est sane varium, et mixtum, et tur-
bulentum : qui jampridem premuntur, qui nunquam emer-
gent; qui partim inertia, partim male gerendo negotio, partim
etiam sumptibus, in vetere ære alieno vacillant; qui vadimo-
niis, judiciis, proscriptionibus bonorum [1] defatigati, permulti
et ex urbe et ex agris se in illa castra conferre dicuntur. Hosce
ego non tam milites acres, quam inficiatores lentos [2] esse ar-
bitror. Qui homines primum si stare non possunt, corruant,
sed ita, ut non modo civitas, sed ne vicini quidem proximi
sentiant. Nam illud non intelligo, quamobrem, si vivere ho-
neste non possunt, perire turpiter velint, aut cur minore
dolore perituros se cum multis, quam si soli pereant, arbi-
trentur.

Quintum genus est parricidarum, sicariorum, denique
omnium facinorosorum : quos ego a Catilina non révoco; nam
neque divelli ab eo possunt ; et pereant sane in latrocinio,
quoniam sunt ita multi, ut eos capere carcer non possit. Postremum [3] autem genus est, non solum numero, verum etiam
genere ipso atque vita, quod proprium est Catilinæ, de ejus
delectu, imo vero de complexu ejus ac sinu [4] : quos pexo
capillo, nitidos, aut imberbes aut bene barbatos [5] videtis,
manicatis et talaribus tunicis [6], velis amictos, non togis [7]; quorum omnis industria vitæ et vigilandi labor in antelucanis cœnis
expromitur. In his gregibus omnes aleatores, omnes adulteri,
omnes impuri impudicique versantur. Hi pueri tam lepidi ac
delicati non solum amare et amari, neque psallere et saltare,
sed etiam sicas vibrare et spargere venena didicerunt; qui nisi
exeunt, nisi pereunt, etiam si Catilina perierit, scitote hoc in

tuense, ils sont tombés dans un tel abîme de dettes, que s'ils voulaient
en sortir, il leur faudrait évoquer Sylla des enfers. Ils ont fait partager à quelques obscurs et misérables habitants des campagnes
l'espoir d'un retour aux anciennes déprédations. Je mets les uns et
les autres au rang des voleurs et des brigands. Mais je leur conseille
de renoncer à leurs folles idées et de ne plus rêver les proscriptions
et les dictatures. Car ces temps funestes ont si profondément affligé
Rome, qu'il n'est pas un être animé qui pût les supporter encore.

X. Dans la quatrième classe on trouve un mélange confus et tur-
bulent de malheureux tombés depuis longtemps dans un gouffre d'où
ils ne sortiront jamais; victimes, ceux-ci de leur indolence, ceux-là
de leur désordre, les autres de leurs profusions, ils fléchissent sous
le poids de leurs dettes; fatigués d'assignations, de sentences, de
saisies, ils ont quitté, dit-on, en grand nombre les villes et les
campagnes pour se réfugier dans le camp des conjurés. Ce sont bien
moins, à mon avis, d'intrépides soldats, que d'insouciants fripons.
S'ils ne peuvent se soutenir, qu'ils tombent, mais sans que la république ni même leurs plus proches voisins s'aperçoivent de leur chute:
Car je ne conçois pas pourquoi, ne pouvant vivre avec honneur, ils
veulent mourir dans la honte; ni comment il leur serait moins dou-
loureux de succomber avec beaucoup d'autres, que de succomber seuls.

La cinquième classe renferme les parricides, les assassins, en un
mot les scélérats de toute sorte. Je ne les dispute pas à Catilina, car
on ne pourrait les arracher à lui; et d'ailleurs qu'ils périssent en brigands, puisqu'ils sont si nombreux que les prisons ne pourraient les
contenir. Enfin la classe qui est la dernière de toutes non-seulement
par son rang, mais aussi par la nature de ceux qui la composent et
par leur genre de vie, nous présente les véritables hommes de Catilina; c'est son élite, ce sont ses amis les plus tendres et les plus
chers. Vous les voyez avec une chevelure élégamment peignée, brillants
de parfums, sans barbe ou la barbe arrangée avec art, vêtus de tuniques à manches et traînantes, portant des voiles plutôt que des
toges; et toute leur activité, toute leur force à supporter les
veilles se fait voir dans des festins qui se prolongent jusqu'au jour.
Ce vil troupeau n'est qu'un ramas de tous les joueurs, de tous les
adultères, de tout ce qu'il y a d'impur et d'impudique. Ces jeunes
gens si gracieux et si délicats n'ont pas appris seulement l'art d'aimer et de se faire aimer, de chanter et de danser; ils savent aussi
darder le poignard et verser le poison. S'ils ne sortent de Rome,
s'ils ne périssent, quand bien même Catilina périrait, sachez que

republica seminarium Catilinarium futurum. Verumtamen quid
sibi isti miseri volunt? Num suas secum mulierculas sunt in
castra ducturi? Quemadmodum autem illis carere poterunt,
his præsertim jam noctibus[1]? Quo autem pacto illi Apenninum
atque illas pruinas ac nives perferent? nisi idcirco se facilius
hiemem toleraturos putant, quod nudi in conviviis saltare
didicerunt.

XI. O bellum magnopere pertimescendum, quum hanc
sit habiturus Catilina scortorum cohortem prætoriam! Instruite
nunc, Quirites, contra has tam præclaras Catilinæ copias vestra præsidia vestrosque exercitus; et primum gladiatori illi
confecto et saucio consules imperatoresque vestros opponite;
deinde, contra illam naufragorum ejectam ac debilitatam manum, florem totius Italiæ ac robur educite. Jam vero urbes
coloniarum ac municipiorum[2] respondebunt Catilinæ túmu-
lis silvestribus[3]. Neque vero ceteras copias, ornamenta, præsidia vestra, cum illius latronis inopia atque egestate debeo
conferre.

Sed si, omissis his rebus omnibus, quibus nos suppeditamus,
eget ille, senatu, equitibus Romanis, populo, urbe, ærario,
vectigalibus, cuncta Italia, provinciis omnibus, exteris nationi-
bus; si, inquam, his rebus omissis, ipsas causas, quæ inter se
confligunt, contendere velimus, ex eo ipso, quam valde illi
jaceant, intelligere possumus. Ex hac enim parte pudor pugnat,
illinc petulantia; hinc pudicitia, illinc stuprum; hinc fides,
illinc fraudatio; hinc pietas, illinc scelus; hinc constantia,
illinc furor; hinc honestas, illinc turpitudo; hinc continentia,
illinc libido: denique æquitas, temperantia, fortitudo, prudentia, virtutes omnes certant cum iniquitate, cum luxuria,
cum ignavia, cum temeritate, cum vitiis omnibus; postremo
copia cum egestate, bona ratio cum perdita, mens sana cum
amentia, bona denique spes cum omnium rerum desperatione
confligit. In hujusmodi certamine ac prœlio, nonne, etiam si
hominum studia deficiant, dii ipsi immortales cogent ab his
præclarissimis virtutibus tot et tanta vitia superari?

XII. Quæ quum ita sint, Quirites, vos, quemadmodum
jam antea[4], vestra tecta custodiis vigiliisque defendite; mihi,
ut urbi sine vestro motu ac sine ullo tumultu satis esset præ-

nous aurons dans la république une pépinière de Catilinas. Que prétendent d'ailleurs ces misérables? Emmèneront-ils avec eux leurs courtisanes dans les camps? Et comment aussi pourront-ils s'en passer, surtout pendant ces longues nuits? Comment de tels hommes supporteront-ils les frimas et les neiges de l'Apennin? Mais peut-être ils croient pouvoir braver plus aisément les rigueurs de l'hiver, parce qu'ils se sont habitués à danser nus dans les festins.

XI. Quelle guerre formidable nous menace, lorsque Catilina se sera fait une garde prétorienne de ces prostitués! Préparez maintenant, Romains, contre les bataillons si fameux de Catilina vos garnisons et vos armées; et d'abord, opposez à ce gladiateur épuisé, blessé déjà, vos consuls et vos généraux; ensuite faites marcher contre cette troupe de gens ruinés, bannis et énervés, l'élite et la fleur de toute l'Italie. Mais à elles seules, nos colonies et nos villes municipales vaudront bien ces hauteurs boisées où Catilina se retranche. Car je ne dois pas comparer vos armées, vos ressources, vos forteresses avec l'indigence et le dénûment de ce brigand.

Si, laissant de côté tous les avantages que nous possédons et qui lui manquent, le sénat, les chevaliers romains, le peuple, la ville, le trésor public, l'Italie entière, toutes les provinces, les nations étrangères, nous voulons comparer entre elles les deux causes mêmes qui sont en présence, nous comprendrons toute la faiblesse de nos ennemis. C'est en effet le combat de la modération contre la licence; de la pudeur contre la débauche; de la loyauté contre la fraude; de la vertu contre le crime; du calme contre la fureur; de l'honneur contre la honte; de la continence contre le désordre: c'est enfin la lutte de l'équité, de la tempérance, du courage, de la prudence, de toutes les vertus, contre l'injustice, la débauche, la lâcheté, la témérité et tous les vices; c'est un conflit entre l'opulence et la misère, la raison éclairée et l'aveuglement, la sagesse et la folie, les justes espérances et le complet désespoir. Dans une guerre engagée de la sorte, quand bien même les hommes manqueraient de vigueur, les dieux immortels eux-mêmes ne feraient-ils pas triompher ces éclatantes vertus de tant de vices odieux?

XII. Dans de telles circonstances, continuez, Romains, de veiller à la garde de vos personnes et de vos maisons; moi, j'ai pris des mesures suffisantes pour assurer la défense de la ville sans troubler

sidii, consultum ac provisum est. Coloni omnes municipesque
vestri, certiores a me facti de hac nocturna excursione [1] Catilinæ, facile urbes suas finesque defendent ; gladiatores, quam
sibi ille maximam manum et certissimam fore putavit, quanquam meliore animo sunt quam pars patriciorum, potestate
tamen nostra continebuntur. Q. Metellus, quem ego, prospi-
ciens hoc, in agrum Gallicanum Picenumque præmisi, aut
opprimet hominem, aut omnes ejus motus conatusque prohi-
bebit. Reliquis autem de rebus constituendis, maturandis,
agendis, jam ad senatum referemus, quem vocari videtis.

Nunc illos, qui in urbe remanserunt, atque adeo qui
contra urbis salutem omniumque vestrum in urbe a Catilina
relicti sunt, quanquam sunt hostes, tamen, quia nati sunt
cives, monitos eos etiam atque etiam volo. Mea lenitas adhuc
si cui solutior visa est, hoc exspectavit, ut id, quod latebat,
erumperet. Quod reliquum est, jam non possum oblivisci
meam hanc esse patriam, me horum esse consulem, mihi aut
cum his vivendum, aut pro his esse moriendum. Nullus est
portæ custos, nullus insidiator viæ [2] ; si qui exire volunt, con-
sulere sibi possunt: qui vero in urbe se commoverit, cujus ego
non modo factum, sed inceptum ullum conatumve contra patriam deprehendero, sentiet in hac urbe esse consules vigilan-
tes, esse egregios magistratus, esse fortem senatum, esse arma,
esse carcerem, quem vindicem nefariorum ac manifestorum
scelerum majores nostri esse voluerunt.

XIII. Atque hæc omnia sic agentur, Quirites, ut res
maximæ minimo motu, pericula summa nullo tumultu, bellum
intestinum ac domesticum post hominum memoriam crudelissimum ac maximum, me uno togato [3] duce et imperatore,
sedetur. Quod ego sic administrabo, Quirites, ut, si ullo modo
fieri poterit, ne improbus quidem quisquam in hac urbe pœnam sui sceleris sufferat. Sed si vis manifestæ audaciæ, si
impendens patriæ periculum me necessario de hac animi lenitate deduxerit, illud profecto perficiam, quod in tanto et tam
insidioso bello vix optandum videtur, ut neque bonus quis
quam intereat, paucorumque pœna vos jam omnes salvi esse
possitis.

Quæ quidem ego neque mea prudentia, neque humanis

votre repos, sans exciter aucun tumulte. Toutes vos colonies, toutes
vos villes municipales, que j'ai fait informer de l'évasion nocturne
de Catilina, défendront aisément leurs murs et leur territoire; les
gladiateurs dont il espérait former ses bataillons les plus nombreux
et les plus sûrs, les gladiateurs, quoique mieux intentionnés que
bien des patriciens, seront pourtant contenus par notre force.
Q. Métellus que j'ai, dans la prévision des événements, envoyé
d'avance dans la Gaule et dans le Picénum, écrasera la révolte, ou
du moins enchaînera tous ses mouvements et tous ses efforts. A
l'égard des autres mesures nécessaires pour régler, accélérer ou
mettre en action toutes choses, je vais en référer au sénat que vous
voyez prêt à se réunir.

Quant à ceux qui sont restés dans la ville, ou que Catilina, pour
mieux dire, y a laissés pour la perte de Rome et pour la vôtre,
quoiqu'ils soient des ennemis, je veux cependant, parce qu'ils sont
nés citoyens, qu'ils soient bien avertis d'une chose : si mon
indulgence a pu sembler extrême à quelqu'un, c'est qu'elle attendait
que les projets encore cachés éclatassent. Mais je ne peux pas ou-
blier plus longtemps que Rome est ma patrie, que je suis le consul
de ceux qui m'écoutent, que je dois ou me sauver avec eux, ou mourir pour eux. Il n'y a point de gardes aux portes, point d'embuscades sur la route; ceux qui veulent sortir en sont les maîtres; mais
quiconque voudra remuer dans la ville, quiconque sera convaincu non
pas seulement d'un acte, mais d'un essai, d'une tentative, s'aper-
cevra que Rome a des consuls vigilants, des magistrats dévoués, un
sénat courageux; qu'elle a des armes, qu'elle a une prison destinée
par nos ancêtres au châtiment des plus grands crimes.

XIII. Et toutes les mesures seront prises, Romains, de telle façon
que les circonstances les plus graves se passeront sans trouble, que
les dangers les plus grands seront écartés sans aucun tumulte, que
la guerre intestine et domestique la plus cruelle, la plus menaçante
qui fût jamais, sera étouffée par moi seul, et j'en serai le chef sans
quitter la toge. Je la dirigerai de telle manière que, si cela est possible, aucun des coupables ne subira dans Rome même la peine de son
crime. Mais si les excès manifestes de l'audace, si le péril imminent de
la patrie me forcent de renoncer à la douceur de mon caractère, je
ferai du moins, ce qu'on oserait à peine souhaiter dans une guerre si
féconde en dangers, qu'aucun homme de bien ne périsse, et que le
supplice d'un petit nombre de coupables soit le gage du salut commun.

Ce n'est pas sur ma confiance dans mes propres lumières, ni sur

consiliis fretus polliceor vobis, Quirites, sed multis et non
dubiis deorum immortalium significationibus [1], quibus ego ducibus in hanc spem sententiamque sum ingressus ; qui jam
non procul, ut quondam solebant, ab externo hoste atque
longinquo, sed hic præsentes suo numine atque auxilio sua
templa atque urbis tecta defendunt ; quos vos, Quirites, pre-
cari, venerari atque implorare debetis, ut, quam urbem pulcherrimam, florentissimam, potentissimamque esse voluerunt,
hanc, omnibus hostium copiis terra marique superatis, a perditissimorum civium nefario scelere defendant.

les conseils de la sagesse humaine que se fondent, Romains, les promesses que je vous fais, mais sur les signes nombreux et irrécusables
de la faveur des dieux immortels. J'ai conçu mon espoir et formé
ma résolution sous leurs auspices; ce n'est plus de loin, comme ils
l'ont fait autrefois et contre un ennemi du dehors, qu'ils ont à nous
défendre; c'est ici même que leur puissance secourable va s'étendre
sur leurs propres temples et sur vos maisons. Vous, Romains,
adressez-leur vos prières et vos hommages; implorez-les, afin que
cette ville qu'ils ont voulu rendre la plus belle, la plus riche, la
plus puissante, qu'ils ont fait triompher de tous ses ennemis sur
terre et sur mer, ils la sauvent de l'attentat sacrilége de quelques
citoyens pervers.

NOTES

DU SECOND DISCOURS CONTRE CATILINA.

Page 40 : 1. *Quirites*. C'était l'un des noms du peuple romain. Il désignait plus spécialement les citoyens vivant dans la vie privée, les *bourgeois ;* mais appliqué, comme ici, aux membres d'une assemblée publique, il comprenait toute la population romaine, le *peuple*, dans l'acception la plus étendue de ce mot.

— 2. *Vel emisimus, vel ... prosecuti sumus*. La cause du départ de Catilina était diversement appréciée ; les uns disaient que le consul avait chassé Catilina (*ejecimus*) ; les autres, qu'il l'avait invité à partir en lui ouvrant les portes (*emisimus*). A ces deux suppositions, Cicéron en joint ironiquement une troisième, celle du départ volontaire du chef des conjurés.

— 3. *Non in campo*. Allusion aux différentes tentatives de Catilina contre la vie du consul (Voy. le premier discours contre Catilina, ch. IV et V).

Page 42 : 1. *Mos majorum*. Cicéron avait cité dans son premier discours (ch. I et II) des exemples célèbres de perturbateurs punis de mort par leurs propres concitoyens.

— 2. *Hujus imperii* ne doit s'entendre que du pouvoir consulaire.

— 3. *Mihi eduxit*. Nous faisons un emploi semblable du pronom *moi*, mais dans le style familier seulement. Boileau, par exemple, a dit :

Prends-*moi* le bon parti ; laisse-là tous les livres.

— 4. *In prætexta*. La toge faisait partie du costume ordinaire des citoyens romains. Elle consistait en une grande pièce d'étoffe de laine blanche, taillée extérieurement en demi-cercle. Elle se portait sur l'épaule gauche, et enveloppait le corps ; un de ses pans traversait la poitrine, passait sous le bras droit, qu'elle laissait entièrement libre, et revenait tomber derrière l'épaule gauche.

La *prétexte* n'était autre chose que la toge ordinaire, bordée d'une bande de pourpre. Elle était portée par trois classes de citoyens :

1º Les magistrats ; elle constituait une des marques distinctives de leur dignité ;

2º Les pontifes maximes, qui sans être magistrats (Voy. le premier discours, ch. ı), partageaient la même considération et portaient comme eux la toge prétexte ;

3º Enfin les enfants, pour lesquels elle était sans doute un signe du respect que l'on devait à l'innocence et à la pureté de leur âge. Ils ne la quittaient qu'en passant dans la classe des adolescents, à dix-sept ans . pour prendre la toge virile, qui était toute blanche, et que, pour cette raison, on appelait aussi *toga pura*.

— 5. *Gallicanis legionibus*. C'étaient des légions composées de soldats romains tenant garnison dans les Gaules. Celles qui se formaient de soldats gaulois s'appelaient *Gallicæ legiones*. On sait que la légion comprenait six mille hommes et se partageait en dix *cohortes*. La cohorte, à son tour, se divisait en trois *manipules*, et le manipule en deux *centuries*. La cohorte contenait de plus un corps de cavalerie partagé en *turmes* qui correspondaient aux centuries de l'infanterie.

— 6. *Q. Metellus*. Salluste dit (*Cat.*, ch. **xxx**) que Q. Métellus Céler fut envoyé dans le Picénum avec le pouvoir de lever une armée suivant les besoins de la circonstance. — *Ager Gallicus*, la Gaule Cisalpine, comprise entre les Alpes et le Rubicon.

— 7. *Vadimonia deserere*. On appelait *vadimonium* le renvoi à jour fixe que le préteur prononçait pour les parties qui s'étaient présentées à son tribunal ; c'était pour elles l'autorisation légale de s'éloigner, *vadendi*. *Vadimonia deserere*, c'était ne pas se rendre à cette assignation , conduite ordinaire des débiteurs insolvables.

— 8. *Edictum prætoris*. C'était le préteur urbain qui , dans le cas où le débiteur ne pouvait pas satisfaire à la réclamation de son créancier dans le délai de trente jours accordé par la loi des Douze Tables , prononçait contre lui la peine qu'il avait encourue, en le livrant à son créancier . qui lui faisait subir d'abord une servitude de trente jours, puis enfin , s'il n'avait pas pu s'acquitter, pouvait après un nouveau délai le faire transporter au delà du Tibre , comme en pays étranger , et le vendre comme esclave.

— 9. *Qui fulgent purpura*. Les Romains portaient sous la toge une *tunique* sans manches, qui servait aussi à distinguer les trois ordres :

celle des plébéiens était tout unie; celle des patriciens était bordée
d'une large bande de pourpre, qui lui faisait donner le nom de
laticlave, celle des chevaliers, d'une bande plus étroite, d'où elle
s'appelait *angusticlave*. La tunique *laticlave* se serrait sur les hanches
avec une ceinture, et l'*angusticlave* se portait sans ceinture. Par
dessus l'*angusticlave*, les chevaliers portaient une *trabée*, toge en
pourpre marine, rayée de bandes d'écarlate, courte, comme il con-
venait à des cavaliers, et s'agrafant sur l'épaule droite.

Page 44 : 1. *Cui Apulia sit attributa.* C'était C. Julius (voy. Sall.,
Cat., ch. XXVII). L'Étrurie avait été assignée à Mallius, et le Picénum à Septimius.

— 2. *Superioris noctis* signifie évidemment ici, non pas la nuit
de la veille, mais celle de l'avant-veille, puisque ce n'était que le
lendemain du départ de Catilina, que Cicéron prononçait son discours
au peuple. Dans le premier discours, le mot *superior* indiquait la
seconde nuit en remontant; dans celle-ci, il désigne la troisième,
celle du 6 au 7 novembre.

— 3. *Exhausto.* Continuation énergique de la métaphore *sentinam hujus urbis.*

— 4. *Testamentorum subjector*, celui qui substitue un testament
faux, qui est son ouvrage, à un testament vrai. C'était un genre
d'industrie fort exploité à Rome.

— 5. *Juventutis illecebra.* Sur les efforts de Catilina pour séduire
et corrompre la jeunesse, voyez dans Sall., *Cat.*, le ch. XIV, que
nous avons eu déjà occasion de citer, et le ch. XVI.

Page 46 : 1. *Industriæ subsidia atque instrumenta virtutis.* Cicéron,
comme Salluste, accordait à Catilina des qualités qui, mieux
dirigées, auraient pu faire de lui un homme distingué et un citoyen
utile. (Voltaire, *Rome sauvée*, acte I, scènes III et V.)

— 2. *Unius.* Cn. Pompée qui achevait à cette époque de sou-
mettre l'Orient dans la guerre contre Mithridate, après avoir
chassé d'abord les pirates qui infestaient les mers d'Italie.

Page 48 : 1. *Pene interfectus essem.* Voy. le premier discours, ch. IV.
Tous les détails qui suivent se trouvent également dans le discours
tenu la veille au sénat.

— 2. *Fasces.* Salluste dit en effet (*Cat.*, ch. **XXXVI**) : *Cum fascibus atque aliis imperii insignibus in castra ad Mallium contendit.*

— 3. *Massiliam.* Catilina lui-même avait écrit à plusieurs consulaires et à d'autres personnages qu'il allait se retirer à Marseille, et ses partisans ne manquaient pas de répandre ce bruit (Sall., *Cat.*, ch. **XXXIV**). Cette ville était toujours choisie pour résidence par les plus illustres exilés, tels que L. Scipion l'Asiatique et T. Milon. A l'époque de la formation de la province romaine de la Gaule, Marseille n'y avait pas été comprise, mais était restée ville libre alliée de Rome.

Page 50 : 1. *Est mihi tanti.* Sous-entendu *pretii* ou *momenti*, locution déjà expliquée dans le discours précédent (ch. **IX**, **XXII**).

— 2. *Dissolvi.* Ce mot a ici une double signification qu'il est impossible de rendre ; il se rapporte à la fois et aux propriétés dont ils ne veulent pas être séparés, et aux dettes dont ils ne peuvent pas être affranchis.

Page 52 : 1. *Tabulas novas.* Indépendamment des autres précautions que les créanciers prenaient contre la fidélité toujours soupçonnée de leurs débiteurs, ils ne manquaient pas de rendre leur prêt authentique, en le faisant transcrire sur des *tables publiques* conservées par l'État. Aussi, toutes les fois que le peuple réclamait l'abolition totale ou partielle des dettes, il le faisait en demandant l'établissement de *nouvelles tables*, c'est-à-dire la suppression des anciennes. Ce qui justifiait ces sortes de banqueroutes au préjudice des créanciers, c'est que, dans certaines circonstances, on les regardait comme une mesure d'intérêt général, dont le but était de conserver à la république un grand nombre de citoyens tombés ou sur le point de tomber en esclavage comme débiteurs insolvables. Par exemple, sous le consulat de Valérius Flaccus, qui avait succédé à Marius, l'an de Rome 667, les débiteurs furent libérés en payant le quart seulement de leurs dettes. *Argentum œre solutum est*, dit Salluste (ch. **XXX**), c'est-à-dire qu'on paya un *as*, qui était de cuivre, pour un *sesterce*, qui était d'argent et valait quatre as.

— 2. *Verum auctionariæ.* Lorsque les créanciers avaient épuisé sans succès contre un débiteur de mauvaise foi tous les moyens que la loi leur donnait, ils s'adressaient au préteur pour lui demander la mise en possession des biens, et ils en obtenaient la saisie en prouvant la justice de leurs réclamations. La saisie décrétée, on annonçait aussitôt la vente des biens au moyen de *tables d'enchères* apposées dans les places publiques et dans les lieux les plus fréquentés.

— 3. *Aut gladiatori.* Catilina avait en effet réuni dans son armée un grand nombre d'esclaves et de gladiateurs avec lesquels il aurait partagé les fruits de sa victoire plutôt qu'avec ceux de ses partisans qui, restés dans Rome, se seraient contentés de faire des vœux pour sa cause.

— 4. *Ætate jam affectum. Affectus* n'est pas ici le synonyme de *confectus;* il signifie seulement *atteint*, mais non pas *accablé* par l'âge.

— 5. *Quas Sulla constituit.* Sylla, après sa victoire, avait témoigné une reconnaissance très-généreuse à ses partisans : les uns avaient été comblés d'honneurs et de richesses ; les autres, envoyés en colonie dans un grand nombre de villes de l'Italie, s'étaient partagé les maisons et les terres des anciens habitants. De là les désordres de cette vie nouvelle qu'ils trouvaient si commode, et leur désir de s'en refaire une semblable par tous les moyens, lorsque leurs folles dissipations les eurent fait retomber dans la misère.

Page 54 : 1. *Proscriptionibus bonorum.* C'était l'annonce de la vente des biens. Voyez la note 2 de la page 52.

— 2. *Inficiatores lentos.* Les débiteurs de mauvaise foi qui nient leurs obligations ; *lentos*, parce qu'ils ne s'émeuvent d'aucun affront, d'aucune poursuite.

— 3. *Postremum* a le double sens de dernier pour le nombre et pour le rang.

— 4. *De complexu... ac sinu.* Cicéron emploie cette expression pour désigner les personnes tout à fait intimes, à en juger par ce passage d'une de ses lettres, où il dit, en parlant de son frère : *Iste vero sit in sinu semper et complexu meo.*

— 5. *Aut imberbes, aut bene barbatos.* Longtemps les Romains de tout âge avaient porté leur barbe et leurs cheveux. Mais, l'an 454 de Rome (voy. Pline, liv. VII, 34), un certain Ticinius Ménas eut l'idée d'amener de Sicile à Rome des barbiers. La mode d'avoir le menton ras et les cheveux courts régnait depuis longtemps en Grèce, d'où elle avait passé en Sicile. Elle devint bientôt générale à Rome. Le raffinement consistait, pour certains hommes, à se faire arracher la barbe ; et c'est probablement de ceux-là que Cicéron parle ici, plutôt que des jeunes gens qui n'en avaient pas encore. Comme on laissait généralement croître sa barbe jusqu'à vingt ou vingt-cinq ans, et que certains jeunes gens la peignaient et l'arrangeaient avec recherche, l'expression de *bene barbatos* doit s'entendre de ces derniers, chez lesquels ce soin était regardé comme un signe de mollesse.

— 6. *Manicatis et talaribus tunicis.* Nous avons dit plus haut (note 9 de la page 42) que la tunique était un vêtement sans manches; de plus elle ne dépassait pas le genou. Les femmes seules avaient des tuniques longues et à manches, et les hommes qui en adoptaient de semblables étaient regardés comme des efféminés.

— 7. *Velis... non togis.* Parce que la finesse des tissus conviendrait mieux pour des voiles de femmes que pour des vêtements d'hommes.

Page 56 : 1. *His... jam noctibus.* On était alors dans les premiers jours de novembre, et par conséquent dans les nuits longues et froides.

— 2. *Coloniarum ac municipiorum.* Les villes des colonies étaient romaines d'origine, et présentaient autant de petites images de Rome même; elles observaient les mêmes lois, avaient la même religion, et jouissaient de tous les priviléges de la métropole, à l'exception seulement du droit de suffrage et du droit d'honneurs à Rome. Comme elles étaient établies pour surveiller et contenir les peuples conquis, on ne pouvait pas laisser les colons en jouissance de deux droits qu'ils n'auraient pu venir exercer qu'en abandonnant leur poste. Les *municipes* étaient des villes de pays conquis, que, par une faveur toute spéciale, Rome avait gratifiées des droits de cité romaine. Leur constitution, assez semblable à celle des colonies, se rapprochait encore davantage sous certains rapports de celle de Rome même.

— 3. *Tumulis silvestribus.* Seule position convenable à une armée de brigands qui recherche plutôt les embuscades que les combats à découvert.

— 4. *Quemadmodum jam antea.* Sous-entendu *defendistis*, et non pas *dixi.* L'orateur rappelle par ces mots les mesures extraordinaires de précaution et de défense qui avaient été prises au moment de la découverte de la conjuration (Voy. le premier discours, ch. I).

Page 58 : 1. *Nocturna excursione* désigne le départ précipité de Catilina, dans la nuit qui avait suivi la fameuse séance du sénat.

— 2. *Nullus insidiator viæ.* Personne ne les attendra sur la route pour leur faire violence ou pour les empêcher de rejoindre Catilina.

— 3. *Togato*. Sans quitter la toge, qui était l'habit de la paix, le costume des fonctions civiles. L'habit de guerre s'appelait *sagum*. Il faut remarquer, toutefois, que, même en temps de guerre, les consuls ne quittaient pas la toge, et que par conséquent l'orateur ne songe ici qu'au sens figuré du mot *togatus*.

Page 60 : 1. *Significationes*, les prodiges par lesquels les Romains pensaient que les dieux manifestaient leurs volontés, leurs dispositions favorables ou contraires. Ainsi Plutarque raconte, dans sa *Vie de Cicéron*, que ce fut un prodige de ce genre qui mit fin aux doutes et aux hésitations du consul. Pendant que les vestales offraient le sacrifice annuel à la *bonne déesse*, pour le salut du peuple, dans la maison même du consul et en présence de Térentia sa femme, au moment où le feu de l'autel paraissait éteint, une vive flamme jaillit tout à coup des cendres, ce qui fut interprété comme le plus favorable augure.

ARGUMENT ANALYTIQUE

DU TROISIÈME DISCOURS CONTRE CATILINA.

Aussitôt que l'on eut appris à Rome que Catilina s'était, en effet, rendu au camp de Fésules , le sénat le déclara ennemi public ainsi que Mallius, et donna l'ordre aux consuls de lever de nouvelles troupes. Antoine fut chargé d'aller attaquer les rebelles, pendant que Métellus leur fermerait le chemin de la Gaule, et que Cicéron veillerait à la sûreté de la ville. Mais Lentulus, Céthégus et les autres conjurés, obéissant aux instructions de leur chef, se préparaient à livrer Rome au massacre et à l'incendie, au moment où Catilina s'en approcherait lui-même, à la tête de toutes ses forces. Une circonstance qu'ils crurent favorable à leurs projets devint, au contraire, l'occasion de leur perte.

Il y avait en ce moment à Rome des députés des Allobroges, peuples de la Gaule, venus pour implorer la justice du sénat contre l'avarice des magistrats romains. Leurs efforts étant restés jusque-là sans succès , Lentulus voulut exploiter leur mécontentement, et, pour les attirer dans la conjuration, leur fit les plus brillantes promesses. Ceux-ci, après s'être engagés d'abord, se décidèrent à livrer le secret à Q. Fulvius Sanga, patron de leur cité. Le consul, instruit par ce dernier, prit les mesures nécessaires pour faire tomber entre ses mains les preuves irrécusables du complot; il y réussit dans la nuit du 2 au 3 décembre, et manda aussitôt les principaux conjurés, qui se rendirent sans défiance à son appel. Il les conduisit au temple de la Concorde, où il avait convoqué le sénat, et les confrontant avec les députés des Allobroges, il produisit leurs lettres et les confondit par leurs propres aveux. Le sénat prononça aussitôt la détention des coupables, décerna des récompenses aux Allobroges, et ordonna des actions de grâces aux dieux dans tous les temples.

Ce fut après cette séance et vers la fin du jour, que Cicéron se rendit au forum et monta à la tribune pour rendre compte au peuple de tous ces événements.

Ce discours fut prononcé le 3 décembre, vingt-quatre jours après le précédent.

I. L'orateur se félicite d'abord et félicite les citoyens de ce que Rome vient d'échapper au plus terrible danger qu'elle eût jamais couru. C'est à lui que la patrie doit son salut.

II. Il commence ensuite le récit des derniers événements, à dater du départ forcé de Catilina. Il a entouré de sa vigilance les complices restés à Rome ; il a découvert les tentatives de Lentulus auprès des Allobroges. Instruit que des lettres leur avaient été confiées pour Catilina, il a pris ses mesures afin que ces pièces importantes tombassent entre ses mains. Deux préteurs ont été chargés par lui d'aller attendre les Allobroges à leur passage sur le pont Milvius et de s'emparer d'eux par la force.

III. Informé du succès de l'attaque, le consul a fait venir chez lui les principaux conjurés, et de là les a conduits au temple de la Concorde, où il avait convoqué le sénat. Pendant ce temps, le préteur Sulpicius allait saisir dans la maison de Céthégus les armes que l'on y savait réunies.

IV et V. Confrontation des Allobroges et des accusés devant le sénat ; interrogatoire au sujet des lettres ; aveux et confusion des accusés.

VI. Délibération et décret du sénat, qui décerne des éloges au consul pour son courage et sa vigilance, ordonne d'enfermer les conjurés et prescrit des actions de grâces aux dieux en l'honneur de Cicéron.

VII. Quel doit être à cette heure le découragement de Catilina ! S'il était resté à Rome, son habileté supérieure aurait accumulé les dangers, et son audace, plus énergique que celle de ses complices, aurait précipité l'exécution de ses projets, plutôt que de les laisser si facilement prévoir et prévenir.

VIII. Mais la république, sauvée du plus sérieux péril, doit moins au zèle et au dévouement de son consul qu'à la protection des dieux, dont la faveur s'est manifestée par tant de prodiges. L'orateur rappelle, à cette occasion, les prédictions faites deux années auparavant par les aruspices, le conseil donné par eux d'ériger à Jupiter une nouvelle statue qui, jusqu'à ce jour, n'avait pu être terminée encore.

IX. C'est au moment même où l'on dressait la statue à la place indiquée par les aruspices, que les conjurés se trouvaient contraints d'avouer leur crime. Pourrait-on douter encore de l'intervention du dieu? Lui seul pouvait sauver Rome par l'entremise d'un peuple plus disposé à combattre la république qu'à la servir.

X. Que les Romains remercient donc ces dieux protecteurs qui les ont préservés, sans combat et sans trouble, de la plus terrible catastrophe. Qu'ils se rappellent tant de sang versé dans les guerres de Marius et de Sylla, et dans les autres dissensions civiles, qui n'avaient cependant pour but que de changer la forme du gouvernement, tandis que pas une goutte de sang n'a coulé dans une guerre qui devait anéantir la république.

XI. Pour prix de son dévouement, Cicéron ne demande qu'une place dans le souvenir de ses concitoyens et de la postérité; c'est à ce souvenir qu'il confie les intérêts de sa gloire, associée désormais à celle de Pompée.

XII. Il a la confiance aussi que les bons citoyens voudront le défendre contre les entreprises des méchants. D'ailleurs il saura résister lui-même à leur audace; il ne cessera de les poursuivre, et, redevenu homme privé, il saura soutenir et honorer la renommée de son consulat.

ORATIO TERTIA
IN L. CATILINAM.

I. Rempublicam, Quirites, vitamque omnium vestrum, bona, fortunas, conjuges, liberosque vestros, atque hoc domicilium clarissimi imperii, fortunatissimam pulcherrimamque urbem, hodierno die, deorum immortalium summo erga vos amore, laboribus, consiliis periculisque meis, ex flamma atque ferro, ac pene ex faucibus fati ereptam, et vobis conservatam ac restitutam videtis.

Et, si non minus nobis jucundi atque illustres sunt ii dies, quibus conservamur, quam illi, quibus nascimur[1], quod salutis certa lætitia est, nascendi incerta conditio, et quod sine sensu nascimur, cum voluptate servamur; profecto, quoniam illum, qui hanc urbem condidit, Romulum, ad deos immortales benevolentia famaque sustulimus, esse apud vos posterosque vestros in honore debebit is, qui eamdem hanc urbem conditam amplificatamque servavit. Nam toti urbi, templis, delubris, tectis ac mœnibus subjectos prope jam ignes circumdatosque restinximus; iidemque gladios in rempublicam destrictos retudimus, mucronesque eorum a jugulis vestris dejecimus.

Quæ, quoniam in senatu illustrata, patefactâ, comperta sunt per me, vobis jam exponam breviter, Quirites, ut et quanta, et quam manifesta, et qua ratione investigata et comprehensa sint, vos, qui ignoratis et exspectatis, scire possitis,

II. Principio, ut Catilina paucis ante diebus erupit ex urbe, quum sceleris sui socios, hujusce nefarii belli acerrimos duces, Romæ reliquisset, semper vigilavi et providi, Quirites, quem-

TROISIÈME DISCOURS
CONTRE L. CATILINA.

I. Romains! la république, votre vie à tous, vos biens, vos fortunes, vos femmes, vos enfants, le siége même de cet illustre empire, la ville la plus opulente et la plus belle, viennent d'être arrachés aujourd'hui par la protection éclatante des dieux immortels, par mes travaux, par ma prudence, par mes périls, à la flamme et au fer; et, retirés de l'abîme où ils s'engloutissaient déjà, ils vous sont conservés et rendus.

Si le jour où la vie nous fut conservée n'a pas pour nous moins de charme ni moins d'éclat que celui qui nous vit naître, parce que la joie d'échapper à la mort est réelle, tandis que les conditions auxquelles nous devons vivre sont incertaines, parce que nous recevons l'existence sans en avoir le sentiment, et que nous éprouvons du bonheur quand elle nous est sauvée; si le fondateur de cette ville, Romulus, fut élevé par la reconnaissance de nos pères au rang des dieux immortels, celui-là, sans doute, sera en honneur auprès de vous et auprès de vos descendants, qui, la trouvant fondée et agrandie, l'a arrachée à la ruine. La flamme, allumée pour ainsi dire, allait envelopper Rome entière, ses temples, ses sanctuaires, ses maisons et ses remparts : je l'ai éteinte; les glaives étaient tirés contre la république : j'en ai émoussé le tranchant, j'ai détourné leurs pointes de vos seins.

Comme ces complots viennent d'être par mes soins révélés, prouvés, mis au grand jour dans l'assemblée du sénat, je vous les ferai connaître en peu de mots, Romains, afin que vous qui les ignorez et qui brûlez de les apprendre, vous puissiez savoir leur gravité, leur évidence, et les mesures que j'ai prises pour les rechercher et pour les atteindre.

II. D'abord, aussitôt que Catilina se fut échappé de Rome, il y a peu de jours, laissant dans nos murs ses complices, les chefs les plus ardents de cette guerre sacrilége, j'ai veillé sans relâche, Romains,

admodum in tantis et tam absconditis insidiis salvi esse possemus. Nam tum, quum ex urbe Catilinam ejiciebam (non enim jam vereor hujus verbi invidiam, quum illa magis sit timenda, quod vivus exierit), sed tum, quum illum exterminari·volebam, aut reliquam conjuratorum manum simul exituram, aut eos, qui restitissent, infirmos sine illo ac debiles fore putabam.

Atque ego, ut vidi, quos maximo furore et scelere esse inflammatos sciebam, eos nobiscum esse, et Romæ remansisse, in eo omnes dies noctesque consumpsi, ut, quid agerent, quid molirentur, sentirem ac viderem, ut, quoniam auribus vestris, propter incredibilem magnitudinem sceleris, minorem fidem faceret oratio mea, rem ita comprehenderem, ut tum demum animis saluti vestræ provideretis, quum oculis maleficium ipsum videretis. Itaque ut comperi[1] legatos Allobrogum[2], belli Transalpini[3] et tumultus Gallici[4] excitandi causa, a P. Lentulo esse sollicitatos, eosque in Galliam ad suos cives, eodemque itinere[5] cum litteris mandatisque ad Catilinam esse missos, comitemque iis adjunctum T. Vulturcium[6], atque huic datas esse ad Catilinam litteras, facultatem mihi oblatam putavi, ut, quod erat difficillimum, quodque ego semper optabam a diis immortalibus, tota res non solum a me, sed etiam a senatu et a vobis manifesto deprehenderetur.

Itaque hesterno die L. Flaccum et C. Pomptinum, prætores, fortissimos atque amantissimos reipublicæ viros, ad me vocavi; rem omnem exposui; quid fieri placeret, ostendi. Illi autem, qui omnia de republica præclara atque egregia sentirent, sine recusatione ac sine ulla mora negotium susceperunt, et, quum advesperasceret, occulte ad pontem Milvium[7] pervenerunt, atque ibi in proximis villis ita bipartito fuerunt, ut Tiberis inter eos et pons interesset. Eodem autem et ipsi, sine cujusquam suspicione, multos fortes viros eduxerunt, et ego ex præfectura Reatina[8] complures delectos adolescentes, quorum opera in republica assidue utor, præsidio cum gladiis miseram.

Interim tertia fere vigilia exacta[9], quum jam pontem Milvium magno comitatu legati Allobrogum ingredi inciperent, unaque Vulturcius, fit in eos impetus; educuntur et ab illis

j'ai cherché les moyens de nous mettre à l'abri des piéges si redoutables et si ténébreux qui nous étaient tendus. Car lorsque je chassais
Catilina de la ville (je ne crains plus en effet de soulever la haine
en parlant ainsi, et je dois redouter bien plutôt qu'on ne me reproche de l'avoir laissé sortir vivant), quand enfin je voulais qu'il s'é-
loignât de nous, je pensais que les autres conjurés partiraient avec
lui, ou que ceux qui resteraient sans lui seraient faibles et im-
puissants.

Mais lorsque j'ai vu que ceux que je connaissais pour les plus
furieux et les plus criminels étaient encore parmi nous et n'avaient
pas quitté Rome, j'ai employé jour et nuit mes efforts à pénétrer et
à reconnaître leurs manœuvres et leurs complots; il fallait à cause
de l'incroyable monstruosité du crime, qui vous aurait fait prêter
une oreille défiante à mes paroles, me mettre tellement en possession
de l'évidence, que l'ayant reconnue de vos yeux, vous prissiez enfin
la résolution de pourvoir à votre salut. Aussi, dès que je sus que
P. Lentulus avait excité les députés des Allobroges à allumer la
guerre au delà des Alpes, et à soulever les Gaulois contre nous;
que ces députés étaient envoyés auprès de leurs concitoyens, par
l'Étrurie, avec des lettres et des instructions pour Catilina; que
Vulturcius partait avec eux, chargé aussi de lettres pour Catilina;
je crus que le moyen m'était offert (c'était le plus difficile et ce que
je demandais toujours aux dieux immortels), de rendre la conjuration tout entière évidente non-seulement pour moi, mais pour le
sénat et pour vous.

J'appelai donc hier auprès de moi les préteurs L. Flaccus et
C. Pomptinus, hommes pleins de courage et de dévouement pour la
république; je leur exposai toute l'affaire, et leur fis connaître mes
projets. Ces citoyens, animés des sentiments les plus nobles et les
plus purs envers la patrie, acceptèrent leur mission sans hésitation
comme sans retard, et, lorsque vint le soir, ils se rendirent en secret au
pont Milvius, où ils se postèrent séparément dans les fermes voisines,
de manière à mettre entre eux le Tibre et le pont. Ils s'étaient fait
suivre, à l'insu de tout le monde, d'un grand nombre d'hommes
résolus, et de mon côté, j'y avais envoyé de Réate une troupe choisie
de jeunes gens bien armés, dont j'emploie sans cesse les services pour
la sûreté de la république.

Vers la fin de la troisième veille, au moment où les députés des
Allobroges entraient sur le pont Milvius avec une suite nombreuse
et accompagnés de Vulturcius, on se précipite sur eux; de part et

gladii, et a nostris. Res erat prætoribus nota solis, ignora-
batur a ceteris.

III. Tum, interventu Pomptini atque Flacci, pugna, quæ
erat commissa, sedatur. Litteræ, quæcumque erant in eo comitatu, integris signis, prætoribus traduntur; ipsi compre-
hensi, ad me, quum jam dilucesceret, deducuntur. Atque
horum omnium scelerum improbissimum machinatorem, Cimbrum Gabinium[1], statim ad me, nihildum suspicantem, vocavi. Deinde item arcessitur L. Statilius, et post eum C. Cethegus. Tardissime autem Lentulus venit, credo quod litteris
dandis, præter consuetudinem[2], proxima nocte vigilarat.

Quum vero summis ac clarissimis hujus civitatis viris, qui,
audita re, frequentes ad me mane convenerant, litteras a me
prius aperiri, quam ad senatum deferri, placeret, ne, si nihil
esset inventum, temere a me tantus tumultus injectus civitati
videretur, negavi me esse facturum, ut de periculo publico
non ad consilium publicum rem integram deferrem. Etenim,
Quirites, si ea, quæ erant ad me delata, reperta non essent,
tamen ego non arbitrabar in tantis reipublicæ periculis mihi
esse nimiam diligentiam pertimescendam. Senatum frequentem
celeriter, ut vidistis, coegi. Atque interea statim, admonitu
Allobrogum, C. Sulpicium, prætorem, fortem virum, misi,
qui ex ædibus Cethegi, si quid telorum esset, efferret : ex
quibus ille maximum sicarum numerum et gladiorum extulit.

IV. Introduxi Vulturcium sine Gallis; fidem ei publicam,
jussu senatus, dedi[3]; hortatus sum, ut ea, quæ sciret, sine
timore indicaret. Tum ille, quum vix se ex magno timore re-
creasset, dixit, a P. Lentulo se habere ad Catilinam mandata
et litteras, ut servorum præsidio uteretur[4], et ad urbem quam
primum cum exercitu accederet; id autem eo consilio, ut,
quum urbem omnibus ex partibus, quemadmodum descriptum
distributumque erat, incendissent, cædemque infinitam civium
fecissent, præsto esset ille, qui et fugientes exciperet, et se
cum his urbanis ducibus conjungeret.

Introducti autem Galli jusjurandum sibi et litteras a P.
Lentulo, Cethego, Statilio ad suam gentem datas esse dixerunt, atque ita sibi ab his et a L. Cassio[5] esse præscriptum,

d'autre on met le glaive à la main. Les préteurs avaient seuls le secret de l'attaque, les autres ignoraient tout.

III. Pomptinus et Flaccus surviennent alors et font cesser le combat
qui s'était engagé. Toutes les lettres trouvées sur les gens de l'escorte
sont remises intactes aux préteurs; les Allobroges eux-mêmes sont
arrêtés et conduits chez moi vers le point du jour. Je mande à l'instant l'artisan le plus criminel de tous ces forfaits, Gabinius Cimber,
qui n'avait encore aucun soupçon. Après lui, je fais venir également Statilius, puis C. Céthégus. Lentulus n'arrive que beaucoup
plus tard : l'expédition des dépêches l'avait forcé sans doute, contre
son habitude, de veiller la nuit dernière.

Un grand nombre de citoyens distingués s'étaient, à la nouvelle
de ces événements, rassemblés chez moi dès le matin, et témoignaient
le désir que j'ouvrisse les lettres avant de les déférer au sénat, afin
que s'il ne s'y trouvait rien de coupable, je n'eusse pas l'air d'avoir
imprudemment jeté tant d'alarme dans Rome; je refusai, en disant
que je laisserais au conseil public la connaissance entière d'un danger qui menaçait l'État. En effet, Romains, quand bien même les
rapports qui m'avaient été faits ne se seraient pas confirmés, je ne
pensais pas néanmoins avoir à craindre qu'on me blâmât d'une trop
grande vigilance au milieu du péril suprême de la république. Je
réunis aussitôt, comme vous l'avez vu, une assemblée nombreuse du
sénat. Au même moment, j'envoyai, sur l'avis des Allobroges, le
brave préteur C. Sulpicius pour enlever de la maison de Céthégus les
armes qui pouvaient s'y trouver; et il en rapporta une grande quan-
tité de poignards et de glaives.

IV. Je fis entrer Vulturcius sans les Gaulois, et lui garantissant
l'impunité au nom de la république et par l'ordre du sénat, je
l'exhortai à déclarer sans crainte ce qu'il savait. Revenu avec peine
de sa vive frayeur, il dit que P. Lentulus lui avait donné pour Catilina une lettre et des instructions qui le pressaient d'appeler le
secours des esclaves et de s'approcher au plus tôt de Rome avec
son armée, afin qu'au moment où le feu serait mis dans tous les
quartiers, d'après le plan arrêté et convenu, au moment où on mas-
sacrerait un nombre considérable de citoyens, il fût à portée d'ar-
rêter les fuyards et de se joindre aux chefs restés dans les murs.

Introduits ensuite, les Gaulois déposèrent qu'ils avaient reçu de
P. Lentulus, de Céthégus et de Statilius un serment et des lettres
pour leur nation; que ceux-ci et L. Cassius avec eux leur avaient

ut equitatum in Italiam quam primum mitterent; pedestres
sibi copias non defuturas; Lentulum autem sibi confirmasse
ex fatis Sibyllinis ' haruspicumque responsis , se esse tertium
illum Cornelium, ad quem regnum hujus urbis atque imperium pervenire esset necesse; Cinnam ante se et Sullam fuisse;
eumdemque dixisse , fatalem hunc esse annum ad interitum
hujus urbis atque imperii , qui esset decimus annus post virginum absolutionem², post Capitolii autem incensionem³ vice-
simus. Hanc autem Cethego cum ceteris controversiam fuisse
dixerunt, quod Lentulo et aliis cædem Saturnalibus fieri⁴
atque urbem incendi placeret; Cethego nimium id longum
videri.

V. Ac, ne longum sit, Quirites, tabellas proferri jussimus,
quæ a quoque dicebantur datæ. Primum ostendimus Cethego
signum : cognovit. Nos linum incidimus⁵; legimus. Erat
scriptum ipsius manu Allobrogum senatui et populo, sese,
quæ eorum legatis confirmasset, esse facturum; orare, ut
item illi facerent, quæ sibi legati eorum recepissent. Tum Cethegus, qui paulo ante aliquid tamen de gladiis ac sicis, quæ
apud ipsum erant deprehensæ, respondisset, dixissetque, se
semper bonorum ferramentorum studiosum fuisse, recitatis
litteris debilitatus atque abjectus, conscientia convictus, repente conticuit. Introductus est Statilius : cognovit et signum
et manum suam. Recitatæ sunt tabellæ in eamdem fere sententiam : confessus est. Tum ostendi tabellas Lentulo, et quæsivi, cognosceretne signum : annuit. « Est vero, inquam, signum notum, imago avi tui⁶, clarissimi viri, qui amavit unice
patriam et cives suos ; quæ quidem te a tanto scelere etiam
muta revocare debuit. »

Leguntur eadem ratione ad senatum Allobrogum populumque litteræ. Si quid de his rebus dicere vellet, feci potestatem.
Atque ille primo quidem negavit ; post autem aliquanto, toto
jam indicio exposito atque edito, surrexit ; quæsivit a Gallis,
quid sibi esset cum iis , quamobrem domum suam venissent,
itemque a Vulturcio. Qui quum illi breviter constanterque re-
spondissent, per quem ad eum quotiesque venissent⁷, quæ-
sissentque ab eo, nihilne secum esset de fatis Sibyllinis locutus,
tum ille subito, scelere demens, quanta conscientiæ vis esset

enjoint d'envoyer le plus tôt possible de la cavalerie en Italie, disant que l'infanterie ne leur manquerait pas. Ils ajoutèrent que Lentulus leur avait assuré, sur la foi des livres Sibyllins et des réponses des aruspices, qu'il était le troisième Cornélius qui devait nécessairement devenir le maître de Rome et de l'empire; que Cinna et Sylla l'avaient été avant lui; il ajoutait que cette année, la dixième après l'absolution des Vestales et la vingtième depuis l'incendie du Capitole, était marquée par les destins pour la ruine de la ville et de la république. Ils déclarèrent en outre qu'il s'était élevé une contestation entre Céthégus et les conjurés, parce que Lentulus et les autres voulaient fixer aux saturnales le massacre et l'incendie, tandis que Céthégus trouvait ce terme trop éloigné.

V. Pour abréger, Romains, je fis alors produire les lettres attribuées à chacun des conjurés. Je montrai d'abord à Céthégus son cachet; il le reconnut. J'ouvris la lettre; j'en donnai lecture. Il écrivait de sa propre main au sénat et au peuple des Allobroges, qu'il tiendrait les engagements pris avec leurs ambassadeurs, et qu'il les priait, de son côté, de faire ce que ceux-ci avaient promis. Alors Céthégus, qui venait de répondre au sujet des poignards et des glaives trouvés dans sa maison, et de dire qu'il avait toujours été amateur de bonnes lames, étourdi, abattu par la lecture de sa lettre, accablé par le témoignage de sa conscience, fut tout à coup réduit au silence. On fit entrer Statilius; il reconnut et son cachet et son écriture. On lut sa lettre, conçue à peu près dans les mêmes termes; il avoua tout. Je fis venir Lentulus, je lui montrai la sienne, et lui demandai s'il reconnaissait son cachet; il en convint. « Il est, en effet, bien connu, lui dis-je ; c'est l'image de ton illustre aïeul, si dévoué à sa patrie et à ses concitoyens; elle aurait dû, toute muette qu'elle est, te détourner d'un si grand crime. »

On lut de même sa lettre au sénat et au peuple des Allobroges. Je lui permis de parler, s'il avait quelque chose à dire. Il refusa d'abord ; mais un moment après, lorsque toutes les preuves furent exposées et déduites, il se leva, demanda aux Gaulois quels rapports il avait avec eux, pour quel motif ils étaient venus chez lui, et fit la même question à Vulturcius. Ceux-ci lui répondirent en peu de mots et avec assurance, déclarèrent le nom de leur intermédiaire, le nombre de leurs visites, et lui demandèrent s'il ne leur avait pas parlé des oracles Sibyllins. A ces mots, Lentulus, dans le délire de son crime, montra bien quel est le pouvoir de la conscience. Car lors-

ostendit. Nam, quum id posset inficiari, repente præter opi-
·nionem omnium confessus est. Ita eum non modo ingenium
illud, et dicendi exercitatio [1], qua semper valuit, sed etiam,
propter vim sceleris manifesti atque deprehensi, impudentia,
qua superabat omnes, improbitasque defecit.

Vulturcius vero subito proferri litteras atque aperiri jussit,
quas sibi a Lentulo ad Catilinam datas esse dicebat. Atque ibi
vehementissime perturbatus Lentulus, tamen et signum suum
et manum cognovit. Erant autem scriptæ sine nomine, sed
ita : « Qui sim, ex eo, quem ad te misi, scies. Cura ut vir sis,
et quem in locum sis progressus cogita, et vide quid jam tibi
sit necesse. Cura ut omnium tibi auxilia adjungas, etiam infimorum [2]. » Gabinius deinde introductus, quum primo impu-
denter respondere cœpisset, ad extremum nihil ex iis, quæ
Galli insimulabant, negavit.

Ac mihi quidem, Quirites, quum illa certissima sunt visa
argumenta atque indicia sceleris, tabellæ, signa, manus, denique uniuscujusque confessio, tum multo illa certiora, color,
oculi, vultus, taciturnitas. Sic enim obstupuerant, sic terram
intuebantur, sic furtim nonnunquam inter se adspiciebant, ut
non jam ab aliis indicari, sed indicare se ipsi viderentur.

VI. Indiciis expositis atque editis, Quirites, senatum con-
sului, de summa republica quid fieri placeret. Dictæ sunt a
principibus [3] acerrimæ ac fortissimæ sententiæ, quas senatus
sine ulla varietate est consecutus. Et quoniam nondum est
perscriptum senatusconsultum, ex memoria vobis, Quirites,
quid senatus censuerit, exponam.

Primum mihi gratiæ verbis amplissimis aguntur, quod virtute, consilio, providentia mea, respublica periculis sit maximis liberata ; deinde L. Flaccus et C. Pomptinus, prætores,
quod eorum opera forti fidelique usus essem, merito ac jure
laudantur, atque etiam viro forti, collegæ meo [4], laus imper-
titur, quod eos, qui hujus conjurationis participes fuissent, a
suis et a reipublicæ consiliis removisset. Atque ita censuerunt,
ut P. Lentulus, quum se prætura abdicasset, tum in custodiam traderetur [5], itemque uti C. Cethegus, L. Statilius,
P. Gabinius, qui omnes præsentes erant, in custodiam trade-
rentur ; atque idem hoc decretum est in L. Cassium, qui sibi

qu'il pouvait nier le fait, il en convint tout à coup, au grand étonne-
ment de tout le monde. Ainsi l'énormité et l'évidence de son crime,
non-seulement lui enlevèrent l'avantage de ce talent et de cette expé-
rience oratoire qui le distinguèrent toujours, mais lui ôtèrent même
la ressource de l'impudence et de l'effronterie qu'il poussait plus loin
que personne.

A ce moment, Vulturcius fait apporter et ouvrir la lettre dont il
disait que Lentulus l'avait chargé pour Catilina. Malgré son
trouble extrême, Lentulus reconnaît son cachet et son écriture. La
lettre ne portait pas de signature, mais elle était ainsi conçue : *Celui
que je t'envoie t'apprendra qui je suis. Tâche de te montrer homme, songe
jusqu'à quel point tu es engagé, et vois ce que la nécessité réclame encore.
Prends soin de te faire des auxiliaires partout, même dans les rangs les
plus bas.* Gabinius, introduit ensuite, répond d'abord avec impudence:
mais, à la fin, il ne se défend d'aucune des imputations des Gaulois.

Pour moi, Romains, quoique les lettres, les cachets, l'écriture,
enfin l'aveu de chacun des coupables m'eussent paru des preuves
certaines, des indices manifestes du crime, j'en trouvais de plus
certains encore dans leur pâleur, dans leurs regards, dans leur phy-
sionomie et dans leur silence. A voir leur consternation, leurs yeux
baissés vers la terre, les regards furtifs qu'ils s'adressaient quelquefois entre eux, ils semblaient moins être sous le poids d'une accusation étrangère, que se dénoncer mutuellement.

VI. Toutes ces preuves exposées et produites, Romains, je consul-
tai le sénat sur ce qu'il jugeait convenable de faire pour le salut de
la république. Les principaux sénateurs ouvrirent des avis pleins de
vigueur et de courage, auxquels tous les autres se rangèrent sans
partage. Et comme le sénatus-consulte n'est pas encore transcrit, je
vais, citoyens, vous en faire connaître de mémoire les dispositions.

D'abord des remercîments me sont adressés dans les termes les plus
honorables, pour avoir, par mon courage, mon habileté, ma pré-
voyance, délivré la république des plus grands dangers. Ensuite les
préteurs L. Flaccus et C. Pomptinus reçoivent de justes éloges pour
le courage et la fidélité qu'ils ont mis à mon service; on félicite également mon collègue pour l'énergie avec laquelle il a tenu
les complices de la conjuration loin de sa personne comme des
conseils de la république. On a décidé ensuite que P. Lentulus abdi-
querait la préture et serait mis en surveillance; que C. Céthégus,
L. Statilius, P. Gabinius, tous présents, subiraient également la détention ; la même peine a été prononcée contre L. Cassius, qui avait

4

procurationem incendendæ urbis depoposcerat ; in M. Cæpa-
rium, cui ad sollicitandos pastores Apuliam esse attributam
erat indicatum ; in P. Furium, qui est ex his colonis, quos
Fesulas L. Sulla deduxit ; in Q. Manlium Chilonem, qui una
cum hoc Furio semper erat in hac Allobrogum sollicitatione
versatus ; in P. Umbrenum, libertinum hominem, a quo primum Gallos ad Gabinium perductos [1] esse constabat. Atque
ea lenitate senatus est usus, Quirites, ut ex tanta conjuratione,
tantaque vi ac multitudine domesticorum hostium, novem hominum [2] perditissimorum pœna, republica conservata, reli-
quorum mentes sanari posse arbitraretur.

Atque etiam supplicatio diis immortalibus pro singulari
eorum merito meo nomine decreta est, Quirites, quod mihi
primum post hanc urbem conditam togato [3] contigit; et his
decreta verbis est, QUOD URBEM INCENDIIS, CÆDE CIVES, ITA-
LIAM BELLO LIBERASSEM. Quæ supplicatio si cum cæteris sup-
plicationibus conferatur, Quirites, hoc intersit, quod cetera
bene gesta, hæc una, conservata republica, constituta est.
Atque illud, quod faciendum primum fuit, factum atque trans-
actum est. Nam P. Lentulus, quanquam patefactus indiciis
et confessionibus suis, judicio senatus, non modo prætoris jus,
verum etiam civis amiserat, tamen magistratu se abdicavit,
ut, quæ religio C. Mario, clarissimo viro, non fuerat, quo-
minus C. Glauciam, de quo nihil nominatim erat decretum,
prætorem occideret, ea nos religione in privato P. Lentulo pu-
niendo liberaremur.

VII. Nunc, quoniam, Quirites, sceleratissimi periculosissi-
mique belli nefarios duces captos jam et comprehensos tenetis,
existimare debetis omnes Catilinæ copias, omnes spes atque
opes, his depulsis urbis periculis, concidisse. Quem quidem
ego quum ex urbe pellebam, hoc providebam animo, Quirites, remoto Catilina, nec mihi esse P. Lentuli somnum, nec
L. Cassii adipem, nec C. Cethegi furiosam temeritatem pertimescendam. Ille erat unus timendus ex his omnibus, sed tamdiu, dum mœnibus urbis continebatur. Omnia norat, omnium
aditus tenebat ; appellare, tentare, sollicitare poterat, aude-
bat; erat ei consilium ad facinus aptum; consilio autem neque
lingua neque manus deerat. Jam ad certas res conficiendas

sollicité la mission de livrer la ville aux flammes; contre M. Cæparius, que l'on avait signalé comme chargé du gouvernement de l'Apulie dans le but de soulever les campagnes; contre P. Furius, un de ces colons que L. Sylla avait établis à Fésules; contre Q. Manlius Chilon, qui, de concert avec ce même Furius, avait toujours travaillé à séduire les Allobroges; contre P. Umbrénus, un affranchi, reconnu pour avoir conduit le premier les Gaulois chez Gabinius. Eh bien! Romains, l'indulgence du sénat a été si grande, que parmi tant de conjurés, parmi cette multitude d'ennemis domestiques, il a pensé que le châtiment de neuf des plus pervers sauverait la république et ramènerait les autres de leur égarement.

En outre, Romains, on a décerné en mon nom des actions de grâces aux dieux immortels pour leur protection signalée, honneur accordé pour la première fois, depuis la fondation de Rome, à un citoyen qui n'a pas quitté la toge; et le décret porte ces mots: POUR AVOIR PRÉSERVÉ ROME DE L'INCENDIE, LES CITOYENS DU MASSACRE, L'ITALIE DE LA GUERRE. Si l'on compare cette formule avec les autres, il y a cette différence, Romains, que les supplications précédentes ont été votées pour des citoyens qui avaient bien servi la république, et celle-ci seule pour un magistrat qui l'a sauvée. Ces mesures prises, on a fait ce qui devait être fait avant tout. Et quoique P. Lentulus, convaincu par les preuves fournies contre lui et par ses propres aveux, eût dès lors, au jugement du sénat, perdu non-seulement sa qualité de préteur, mais encore celle de citoyen, il a abdiqué néanmoins sa magistrature, de telle sorte que le scrupule qui n'avait point empêché l'illustre C. Marius de punir de mort le préteur C. Glaucia, qu'aucun arrêt n'avait personnellement condamné, ne pût peser sur nos consciences au moment de punir P. Lentulus, qui n'est plus qu'un simple citoyen.

VII. Maintenant, Romains, que vous avez saisi les chefs impies de cette guerre sacrilége et redoutable, et que vous les tenez prisonniers, vous devez être sûrs qu'en éloignant le danger de Rome, nous avons anéanti toutes les forces, toutes les espérances, toutes les ressources de Catilina. Quand je le chassais de nos murs, je prévoyais bien, Romains, que je n'aurais à redouter, après son éloignement, ni le sommeil d'un Lentulus, ni la pesanteur d'un Cassius, ni la fureur téméraire d'un Céthégus. De tous ces conjurés, Catilina seul était à craindre, et seulement tant qu'il restait au milieu de nous. Il connaissait tout, il avait accès partout; s'agissait-il d'aborder quelqu'un, de le sonder, de le solliciter? il le pouvait, il l'osait; il concevait aisément le crime, et ni son bras ni sa parole ne manquaient à l'exécution. Pour chaque mission à remplir, il avait des

certos homines delectos ac descriptos habebat. Neque vero, quum aliquid mandaverat, confectum putabat. Nihil erat, quod non ipse obiret, occurreret, vigilaret, laboraret; frigus, sitim, famem ferre poterat.

Hunc ego hominem tam acrem, tam paratum, tam auda- cem, tam callidum, tam in scelere vigilantem, tam in perditis rebus diligentem, nisi ex domesticis insidiis in castrense latro- cinium compulissem (dicam id, quod sentio, Quirites), non facile hanc tantam molem mali a cervicibus vestris depulissem. Non ille nobis Saturnalia constituisset[1], neque tanto ante exitii ac fati diem reipublicæ denuntiasset, neque commisisset, ut signum, ut litteræ suæ, testes denique manifesti sceleris de- prehenderentur. Quæ nunc, illo absente, sic gesta sunt, ut nullum in privata domo furtum unquam sit tam palam inven- tum, quam hæc tanta in republica conjuratio manifesto in- venta atque deprehensa est. Quod si Catilina in urbe ad hanc diem remansisset, quanquam, quoad fuit, omnibus ejus con- siliis occurri atque obstiti, tamen, ut levissime dicam, dimi- candum nobis cum illo fuisset, neque nos unquam, dum ille in urbe hostis fuisset, tantis periculis rempublicam, tanta pace, tanto otio, tanto silentio, liberassemus.

VIII. Quanquam hæc omnia, Quirites, ita sunt a me admi- nistrata, ut deorum immortalium nutu atque consilio et gesta et provisa esse videantur. Idque quum conjectura consequi possumus, quod vix videtur humani consilii tantarum rerum gubernatio esse potuisse; tum vero ita præsentes his tempo- ribus opem et auxilium nobis tulerunt, ut eos pene oculis videre possemus. Nam, ut illa omittam, visas nocturno tem- pore ab occidente faces ardoremque cœli, ut fulminum jactus, ut terræ motus, ceteraque, quæ tam multa[2], nobis consulibus, facta sunt, ut hæc, quæ nunc fiunt, canere dii immortales viderentur; hoc certe, Quirites, quod sum dicturus, neque prætermittendum, neque relinquendum est.

Nam profecto memoria tenetis, Cotta et Torquato consu- libus, complures in Capitolio turres de cœlo esse percussas, quum et simulacra deorum immortalium depulsa sunt, et statuæ veterum hominum dejectæ, et legum æra liquefacta; tactus est etiam ille, qui hanc urbem condidit, Romulus, quem

hommes spéciaux choisis et désignés à l'avance. Il ne lui suffisait pas néanmoins d'avoir donné des ordres pour les croire accomplis. Il n'y avait rien qu'il ne voulût voir par lui-même, prévenir, surveiller, mettre en œuvre; il savait supporter le froid, la soif et la faim.

Cet homme si actif, si entreprenant, si audacieux, si rusé, si infatigable pour le crime, si prudent au milieu du désordre même, si je ne l'avais contraint de renoncer à ses trames secrètes dans Rome, et de se jeter dans un camp sous l'étendard du brigandage (je dirai, Romains, ce que je pense), je n'aurais pas facilement détourné de vos têtes ce redoutable fléau. Ce n'est pas lui qui aurait fixé l'époque des Saturnales; il n'aurait pas si longtemps d'avance annoncé à la république le jour fatal de sa ruine, et ne se serait pas exposé à faire tomber entre vos mains son cachet, ses lettres, enfin les témoignages manifestes de son crime. Tout a été conduit, en son absence, de telle façon, que jamais vol dans une maison particulière ne fut découvert avec autant d'évidence que vient d'être surprise et saisie au sein de la république cette immense conjuration. Si Catilina fût resté dans la ville jusqu'à ce jour, quoique, tant qu'il a été au milieu de nous, ma vigilance ait, autant que possible, ou prévenu, ou traversé tous ses desseins, néanmoins il nous eût mis dans la nécessité de le combattre, pour ne rien dire de plus; et jamais, avec un semblable ennemi dans nos murs, nous n'aurions délivré la république d'aussi grands dangers, sans troubler davantage la paix, la tranquillité, le silence de Rome.

VIII. Au reste, Romains, toute ma conduite dans ces circonstances semble avoir été dirigée, inspirée par la volonté et la sagesse des dieux immortels. Nous sommes en droit de le supposer, d'abord parce que la conduite de si grands événements paraît au-dessus de la prudence humaine; et ensuite parce que les dieux nous ont accordé, dans ces derniers temps, l'appui d'un secours si favorable, que nous pouvions, pour ainsi dire, les voir de nos propres yeux. Car sans parler de ces feux nocturnes qui embrâsèrent le ciel à l'occident, de ces coups de tonnerre, de ces tremblements de terre et de tant d'autres prodiges apparus sous mon consulat, et par lesquels les dieux immortels semblaient nous annoncer eux-mêmes ce qui nous arrive, ce que je vais vous rappeler, Romains, ne doit certainement pas être oublié ni passé sous silence.

Vous vous souvenez sans doute que, sous le consulat de Cotta et de Torquatus, plusieurs points élevés du Capitole furent atteints de la foudre : elle déplaça les images des dieux, renversa les statues des antiques héros, fondit les tables d'airain dépositaires de nos lois; elle n'épargna pas même le fondateur de cette ville, Romulus, dont vous savez qu'une statue dorée, placée

inauratum in Capitolio, parvum atque lactentem, uberibus
lupinis inhiantem, fuisse meministis. Quo quidem tempore,
quum haruspices ex tota Etruria [1] convenissent, cædes atque
incendia, et legum interitum, et bellum civile ac domesticum,
et totius urbis atque imperii occasum appropinquare dixerunt,
nisi dii immortales, omni ratione placati, suo numine prope
fata ipsa flexissent.

Itaque illorum responsis tunc et ludi decem per dies facti
sunt, neque res ulla, quæ ad placandum deos pertineret,
prætermissa est; iidemque jusserunt simulacrum Jovis facere
majus, et in excelso collocare, et contra atque ante fuerat,
ad orientem convertere; ac se sperare dixerunt, si illud
signum, quod videtis, solis ortum et forum curiamque
conspiceret, fore ut ea consilia, quæ clam essent inita contra
salutem urbis atque imperii, illustrarentur, ut a senatu populoque Romano perspici possent. Atque illud ita collocandum
consules illi locaverunt; sed tanta fuit operis tarditas, ut
neque a superioribus consulibus [2], neque a nobis ante hodier-
num diem collocaretur.

IX. Hic quis potest esse, Quirites, tam aversus a vero, tam
præceps, tam mente captus, qui neget hæc omnia, quæ
videmus, præcipueque hanc urbem, deorum immortalium
nutu atque potestate administrari? Etenim quum esset ita
responsum, cædes, incendia interitumque reipublicæ com-
parari, et ea per cives, quæ tum propter magnitudinem
scelerum nonnullis incredibilia videbantur, ea non modo
cogitata a nefariis civibus, verum etiam suscepta esse sensistis.
Illud vero nonne ita præsens est, ut nutu Jovis Optimi Maximi
factum esse videatur, ut, quum hodierno die mane per forum
meo jussu et conjurati et eorum indices in ædem Concordiæ
ducerentur, eo ipso tempore signum statueretur? Quo collo-
cato atque ad vos senatumque converso, omnia et senatus,
et vos, quæ erant contra salutem omnium cogitata, illustrata
et patefacta vidistis [3].

Quo etiam majore sunt isti odio supplicioque digni, qui non
solum vestris domiciliis atque tectis, sed etiam deorum templis
atque delubris sunt funestos ac nefarios ignes inferre conati.
Quibus ego si me restitisse dicam, nimium mihi sumam, et

dans le Capitole, représentait l'image sous les traits d'un enfant nouveau-né, ouvrant la bouche pour presser les mamelles d'une louve. Les aruspices appelés dans cette circonstance de toutes les parties de l'Étrurie, déclarèrent que l'on verrait bientôt des massacres, des incendies, l'anéantissement des lois, la guerre civile et domestique, la chute de Rome et de l'empire, si les dieux, apaisés à tout prix, n'employaient leur propre puissance à fléchir la rigueur des destins.

Aussi, d'après leurs réponses, on célébra des jeux pendant dix jours, et l'on n'oublia rien de ce qui pouvait calmer les dieux; les mêmes aruspices ordonnèrent encore qu'on érigeât à Jupiter une statue plus élevée, qu'on la plaçât à une grande hauteur et tournée en sens contraire, vers l'orient; ils espéraient, dirent-ils, que si cette image, que vous voyez, regardait à la fois et l'aurore et le forum et le sénat, les complots qui se tramaient dans l'ombre contre le salut de Rome et de l'empire seraient mis au grand jour et rendus manifestes aux yeux du sénat et du peuple romain. Les consuls de cette époque passèrent aussitôt un marché pour l'exécution de la nouvelle statue; mais l'ouvrage se fit si lentement, qu'elle ne fût point achevée sous nos prédécesseurs et que nous n'avons pu la faire dresser qu'aujourd'hui même.

IX. Maintenant, Romains, peut-il être un homme assez ennemi de la vérité, assez aveugle, assez insensé, pour ne pas reconnaître que tout ce vaste univers, mais cette ville surtout, est gouverné par la volonté et par la puissance des dieux immortels? Et en effet, les aruspices ayant répondu que le massacre, l'incendie, la ruine de la république étaient tramés alors par des citoyens romains, ces crimes, que plusieurs refusaient de croire à cause de leur énormité, vous avez reconnu qu'ils avaient été non-seulement médités, mais même entrepris par des hommes impies. N'est-il pas d'ailleurs évident que c'est la volonté du grand Jupiter qui vient de s'accomplir, puisque c'est au moment même où ce matin et par mon ordre, les conjurés et leurs dénonciateurs étaient conduits à travers le forum au temple de la Concorde, que l'on dressait la statue de ce dieu? A peine s'élevait-elle tournée vers vous et vers le sénat, qu'aussitôt et le sénat et vous, vous avez saisi dans toute leur évidence les complots formés contre le salut public.

Ils ne méritent donc qu'une haine plus grande et des supplices plus cruels, ces hommes pernicieux et sacriléges, qui voulaient porter la flamme non-seulement dans vos demeures, mais encore dans les temples et dans les sanctuaires des dieux. Si je prétendais avoir brisé leurs efforts, ce serait trop de présomption, je serais inexcu-

non sim ferendus : ille, ille Jupiter restitit ; ille Capitolium,
ille hæc templa, ille hanc urbem, ille vos omnes salvos esse
voluit. Diis ego immortalibus ducibus, hanc mentem, Quirites,
voluntatemque suscepi, atque ad hæc tanta indicia perveni.
Jam vero illa Allobrogum sollicitatio sic a Lentulo ceterisque
domesticis hostibus, tanta res, tam dementer credita et ignotis
et barbaris, commissæque litteræ nunquam essent profecto,
nisi a diis immortalibus huic tantæ audaciæ consilium esset
ereptum. Quid vero? ut homines Galli ex civitate male pacata,
quæ gens una restat quæ populo Romano bellum facere et
posse et non nolle videatur, spem imperii et rerum amplissi-
marum ultro sibi a patriciis hominibus oblatam negligerent,
vestramque salutem suis opibus anteponerent, id non divinitus
factum esse putatis? præsertim qui nos non pugnando, sed
tacendo superare potuerunt.

X. Quamobrem, Quirites, quoniam ad omnia pulvinaria [1]
supplicatio decreta est, celebratote illos dies cum conjugibus
ac liberis vestris. Nam multi sæpe honores diis immortalibus
justi habiti sunt ac debiti, sed profecto justiores nunquam.
Erepti enim estis ex crudelissimo ac miserrimo interitu, et
erepti sine cæde, sine sanguine, sine exercitu, sine dimica-
tione; togati, me uno togato duce et imperatore, vicistis.

Etenim recordamini, Quirites, omnes civiles dissensiones,
neque solum eas, quas audistis [2], sed eas, quas vosmet ipsi
meministis et vidistis. L. Sulla P. Sulpicium [3] oppressit, ex
urbe ejecit C. Marium, custodem hujus urbis [4], multosque
fortes viros partim ejecit ex civitate, partim interemit.
Cn. Octavius [5], consul, armis ex urbe collegam suum expulit;
omnis hic locus [6] acervis corporum et civium sanguine re-
dundavit. Superavit postea Cinna cum Mario [7]; tum vero,
clarissimis viris interfectis, lumina civitatis [8] exstincta sunt.
Ultus est hujus victoriæ crudelitatem postea Sulla, nec dici
quidem opus est quanta deminutione [9] civium, et quanta
calamitate reipublicæ. Dissensit M. Lepidus a clarissimo et
fortissimo viro Q. Catulo ; attulit non tam ipsius interitus
reipublicæ luctum, quam ceterorum.

Atque illæ dissensiones erant hujusmodi, Quirites, quæ
non ad delendam, sed ad commutandam rempublicam [10] perti-

sable; c'est Jupiter, c'est lui-même qui s'est armé contre eux; c'est lui qui a sauvé le Capitole, ces temples, ces murs et vous-mêmes. Ce sont les dieux immortels qui m'ont inspiré la résolution et le courage, ce sont eux qui m'ont conduit à ces importantes découvertes. Car enfin ces tentatives pour entraîner les Allobroges, ce secret si important aurait-il été si follement confié par Lentulus et les autres ennemis de la patrie à des inconnus, à des barbares? auraient-ils remis ces lettres en leurs mains, si les dieux immortels n'avaient aveuglé leur audace? Que dire encore? Si des Gaulois, des députés d'une nation encore mal soumise, la seule dans le monde qui puisse et qui paraisse vouloir faire la guerre au peuple romain, ont dédaigné l'espoir de l'empire et des plus brillants avantages offerts par des patriciens, s'ils ont préféré votre salut aux intérêts de leur puissance, ne pensez-vous pas que ce soit par l'impulsion des dieux? surtout lorsque pour nous vaincre il leur suffisait non pas de combattre, mais de garder le silence.

X. Ainsi, Romains, puisqu'on a décrété des actions de grâces dans tous les temples, célébrez ces jours de fête avec vos femmes et vos enfants. Si l'on a souvent rendu aux dieux immortels de justes et légitimes honneurs, ils ne les ont certainement jamais mieux mérités. Car vous avez échappé à la mort la plus cruelle et la plus déplorable, et cela sans massacres, sans effusion de sang, sans armée, sans combat; vous n'avez pas quitté la toge, vous n'avez eu pour général que moi, vêtu comme vous du costume de la paix, et vous êtes vainqueurs.

Rappelez-vous, en effet, Romains, toutes nos dissensions domestiques, non-seulement celles dont vous avez entendu l'histoire, mais celles dont vous avez vous-mêmes le souvenir, dont vous avez été les témoins. L. Sylla fit périr P. Sulpicius; il chassa de Rome C. Marius, le défenseur de cette ville, et bannit des murs ou livra à la mort une foule de citoyens distingués. Le consul Cn. Octavius prit les armes contre son collègue et le fit sortir de Rome; le lieu où nous sommes fut jonché de monceaux de cadavres, inondé du sang des citoyens. Cinna et Marius triomphèrent ensuite, et par la mort de nos hommes les plus illustres, on vit s'éteindre les plus éclatantes lumières de la patrie. Sylla tira vengeance plus tard de la cruauté des vainqueurs, et je n'ai pas besoin de vous dire combien il fit de victimes, combien il attira de maux sur la république. M. Lépidus se déclara l'ennemi de l'illustre et brave Q. Catulus, et Rome pleura moins sa mort que celle des citoyens qui succombèrent avec lui.

Et cependant, Romains, ces dissensions ne tendaient pas à détruire l'État, mais à changer sa forme; les agitateurs ne voulaient

nerent : non illi nullam esse rempublicam, sed in ea, quæ
esset, se esse principes, neque hanc urbem conflagrare, sed
se in hac urbe florere voluerunt; atque illæ tamen omnes
dissensiones, quarum nulla exitium reipublicæ quæsivit,
ejusmodi fuerunt, ut non reconciliatione concordiæ, sed inter-
necione civium dijudicatæ sint. In hoc autem uno post hominum memoriam maximo crudelissimoque bello, quale bellum
nulla unquam barbaria cum sua gente gessit, quo in bello lex
hæc fuit a Lentulo, Catilina, Cassio, Cethego constituta, ut
omnes, qui salva urbe salvi esse possent, in hostium numero
ducerentur, ita me gessi, Quirites, ut omnes salvi conserva-
remini, et, quum hostes vestri tantum civium superfuturum
putassent, quantum infinitæ cædi restitisset, tantum autem
urbis, quantum flamma obire non potuisset, et urbem et cives
integros incolumesque servavi.

XI. Quibus pro tantis rebus, Quirites, nullum ego a vobis
præmium virtutis, nullum insigne honoris, nullum monumen-
tum laudis postulo, præterquam hujus diei memoriam sempi-
ternam. In animis ego vestris omnes triumphos meos, omnia
ornamenta honoris, monumenta gloriæ, laudis insignia condi
et collocari volo. Nihil me mutum [1] potest delectare, nihil
tacitum, nihil denique hujusmodi, quod etiam minus digni
assequi possint. Memoria vestra, Quirites, nostræ res alentur,
sermonibus crescent, litterarum monumentis inveterascent et
corroborabuntur ; eamdemque diem intelligo, quam spero
æternam fore, et ad salutem urbis et ad memoriam consulatus
mei propagatam ; unoque tempore in hac republica duos cives
exstitisse [2], quorum alter [3] fines vestri imperii, non terræ, sed
cœli regionibus terminaret, alter ejusdem imperii domicilium
sedemque servaret.

XII. Sed, quoniam earum rerum, quas ego gessi, non est
eadem fortuna atque conditio, quæ illorum, qui externa bella
gesserunt, quod mihi cum his vivendum est, quos vici ac
subegi, isti hostes aut interfectos aut oppressos reliquerunt,
vestrum est, Quirites, si ceteris sua recte facta prosunt, mihi
mea ne quando obsint, providere. Mentes enim hominum
audacissimorum sceleratæ ac nefariæ, ne vobis nocere possent,
ego providi ; ne mihi noceant, vestrum est providere. Quan-

pas anéantir la république, il leur en fallait une dont ils fussent les maîtres ; ils ne demandaient pas que Rome pérît dans les flammes, mais qu'elle leur donnât le premier rang. Toutes ces dissensions néanmoins, dont aucune ne tendait à la ruine de la république, au lieu de se terminer par le rétablissement de la concorde, ne s'éteignirent que dans le sang des citoyens. Mais dans la guerre actuelle, la plus terrible et la plus cruelle dont on ait le souvenir, guerre telle que jamais aucune nation barbare n'en fit de semblable dans son propre sein, guerre où Lentulus, Catilina, Cassius, Céthégus s'étaient fait une loi de traiter en ennemis tous ceux qui pouvaient trouver leur salut dans le salut de Rome, je me suis conduit de manière à vous conserver la vie à tous ; et tandis que vos ennemis se flattaient de ne voir survivre des citoyens que ceux qu'aurait épargnés le massacre général, de ne voir rester debout de la ville elle-même que les maisons qui n'auraient pas été dévorées par les flammes, j'ai préservé tout à la fois et Rome et les Romains.

XI. Pour de si grands services, je ne vous demande, Romains, d'autre récompense, d'autre distinction, d'autre monument, qu'un souvenir impérissable de ce jour. C'est dans vos cœurs que je veux un triomphe, c'est là que je veux placer tous mes titres d'honneur, tous les trophées de ma gloire. Je ne peux attacher aucun prix à ces signes muets et sans vie, qui sont quelquefois le partage de ceux qui les ont le moins mérités. Votre mémoire, Romains, fera vivre mes services, vos entretiens en accroîtront le mérite, vos annales les perpétueront, elles en augmenteront encore l'éclat et la durée. J'espère que ce jour, éternellement mémorable, a été réservé pour le salut de Rome et pour la gloire de mon consulat ; on dira que dans le même temps deux hommes se sont rencontrés dans la république, dont l'un a reculé les bornes de l'empire par delà les régions connues de la terre, jusqu'à celles où le soleil se lève, tandis que l'autre lui conservait sa capitale, le siége même de sa puissance.

XII. Mais puisque la fortune attache à mes succès et à ceux des généraux qui font la guerre au dehors un prix bien différent, puisqu'il faut que je vive au milieu des ennemis que j'ai vaincus et subjugués, tandis que les généraux laissent les leurs ou morts ou soumis, c'est à vous, Romains, quand les autres recueillent le fruit de leurs services, à faire que les miens ne me soient pas funestes. J'ai pourvu à votre sûreté contre les complots sacriléges des scélérats les plus audacieux ; c'est à vous d'empêcher qu'ils ne tournent contre moi leur vengeance. Au reste, Romains, il n'est plus possible à ces

quam, Quirites, mihi quidem ipsi nihil jam ab istis noceri
potest. Magnum enim est in bonis praesidium, quod mihi in
perpetuum comparatum est ; magna in republica dignitas, quae
me semper tacita defendet ; magna vis est conscientiae, quam
qui negligent, quum me violare volent, se ipsi indicabunt.

Est etiam in nobis is animus, Quirites, ut non modo nullius
audaciae cedamus, sed etiam omnes improbos ultro semper
lacessamus. Quod si omnis impetus domesticorum hostium,
depulsus a vobis, se in me unum converterit, vobis erit providendum, Quirites, qua conditione posthac eos esse velitis,
qui se pro salute vestra obtulerint invidiae periculisque omnibus. Mihi quidem ipsi quid est, quod jam ad vitae fructum
possit acquiri, praesertim quum neque in honore vestro [1],
neque in gloria virtutis quidquam videam altius, quo quidem
mihi libeat adscendere?

Illud perficiam profecto, Quirites, ut ea, quae gessi in
consulatu, privatus tuear atque ornem : ut, si qua est invidia
in conservanda republica suscepta, laedat invidos, mihi
valeat ad gloriam. Denique ita me in republica tractabo, ut
meminerim semper quae gesserim, curemque ut ea virtute,
non casu, gesta esse videantur. Vos, Quirites, quoniam jam
nox est [2], veneramini illum Jovem [3], custodem hujus urbis ac
vestrum, atque in vestra tecta discedite, et ea, quanquam
jam periculum est depulsum, tamen aeque ac priore nocte
fecistis, custodiis vigiliisque defendite. Id ne vobis diutius
faciendum sit, atque ut in perpetua pace esse possitis, provi-
debo, Quirites.

hommes de me nuire. Je trouve dans les gens de bien un ferme appui qui m'est à jamais assuré; dans la majesté de la république, une égide invisible qui me couvrira toujours; je trouve enfin une grande force dans la voix de la conscience, que nul de mes ennemis ne pourra braver sans se dénoncer lui-même.

Je sens encore en moi, Romains, le courage nécessaire non-seulement pour ne faiblir devant l'audace de qui que ce soit, mais pour attaquer en face tous les méchants. Que si les ennemis domestiques dont je vous ai délivrés venaient à réunir tous leurs efforts contre moi. ce serait à vous, Romains, de faire voir quel sort vous entendez réserver désormais à ceux qui auront bravé pour votre salut toutes les haines, tous les dangers. Car pour ce qui me regarde en particulier, est-il quelque chose qui puisse ajouter pour moi quelque nouveau prix à la vie, quand je ne vois plus ni dans les honneurs qui dépendent de vous, ni dans la gloire qui s'attache à la vertu, de degré supérieur où je puisse monter?

Je ne manquerai certainement pas, Romains, de soutenir et d'honorer encore dans la vie privée la renommée de mon consulat, afin que les haines que j'ai pu soulever en sauvant la république retombent sur mes ennemis et servent à ma gloire. Ma vie entière vous prouvera que j'ai conservé le souvenir de mes services, et qu'ils ont été l'ouvrage de la vertu, et non celui du hasard. Pour vous, Romains, puisque la nuit approche, adressez vos hommages à ce Jupiter, le protecteur de cette ville et le vôtre; retirez-vous ensuite dans vos maisons, et, quoique le danger soit passé, ne laissez pas de veiller à leur sûreté comme la nuit précédente. Je vais prendre mes mesures pour vous délivrer au plus tôt de ce soin, et vous assurer une paix que rien ne trouble plus à l'avenir.

NOTES

DU TROISIÈME DISCOURS CONTRE CATILINA.

Page 72 : 1. *Quibus nascimur*. C'était une grande fête pour un Romain quand il lui naissait un enfant. Si la famille se trouvait alors en deuil, elle quittait aussitôt ses habits lugubres, et sa joie s'annonçait au dehors par la décoration de la maison, dont la porte était ornée de couronnes de fleurs. Par une conséquence naturelle de ce sentiment, chacun célébrait l'anniversaire de sa naissance, par le culte de ses divinités domestiques et principalement de son génie, mais sans aucune immolation de victimes. A cette occasion, les parents, les amis, les clients et les patrons se faisaient de mutuels présents. On fêtait aussi le souvenir des jours où l'on avait été préservé de quelque grave danger. Horace a consacré celui des calendes de mars, pour avoir échappé à la chute d'un arbre. *Odes*, liv. II, XIII :

Ille et nefasto te posuit die, etc.

Page 74 : 1. *Ut comperi*. C'était à Q. Fulvius Sanga, patron des Allobroges, que le consul devait cette découverte (SALL., *Cat.*, ch. XL).

— 2. *Legatus Allobrogum*. Les Allobroges, peuples de la Gaule transalpine, furent soumis par les Romains de 125 à 121 av. J. C., et supportèrent très-difficilement un joug que l'avide tyrannie des préteurs leur rendait odieux. C'était pour réclamer un soulagement à leurs maux qu'ils avaient, à cette époque, envoyé des députés à Rome. Ils habitaient les provinces que l'on appelle aujourd'hui le Dauphiné et la Savoie.

— 3. *Belli Transalpini*. Une guerre au delà des Alpes.

— 4. *Tumultus Gallici*. Un soulèvement de la Gaule (en deçà des Alpes). Les Romains donnaient exclusivement le nom de *tumultus* aux révoltes subites qui se manifestaient dans l'intérieur de l'Italie, *tumultus Italicus*, ou dans la Gaule cisalpine, à cause de sa proximité avec le territoire italien, *tumultus Gallicus*. Cicéron, dans la huitième *Philippique*, explique la différence entre les mots *bellum* et *tumultus*; ce dernier exprimait une perturbation plus grande, et, par suite, indiquait un danger plus sérieux. Aussi l'enrôlement *tumultuaire* qui avait lieu dans les deux cas ou d'une guerre en Italie, ou d'une invasion gauloise, était-il une levée en masse, qui n'admettait aucune exemption, pas même pour les prêtres ni pour les vieillards.

— 5. *Eodemque itinere.* En retournant dans la Gaule, ils devaient, en effet, passer par l'Étrurie, où se trouvait le camp de Mallius, dans lequel s'était retiré Catilina.

— 6. *T. Vulturcium.* Vulturcius de Crotone, auquel le sénat décerna, d'après Salluste, une grande récompense.

— 7. *Ad pontem Milvium.* Le pont Milvius, aujourd'hui Ponte-Mole, avait été bâti sur le Tibre, à deux milles de Rome, par Émilius Scaurus. On y abordait par des chemins creux dont la disposition était des plus favorables pour une embuscade. Ce fut au même passage que le tyran Maxence fut vaincu par Constantin, l'an de J. C. 312, et qu'il se noya dans le Tibre.

— 8. *Ex præfectura Reatina.* On donnait le nom de *préfectures* à certaines villes *municipales* ou *fédérées* qui, à la suite de révoltes ou de trahisons, avaient été privées de leur droit de cité et de leur gouvernement propre. On y envoyait de Rome des *préfets* ou magistrats chargés de rendre la justice, de sorte que leur droit politique était réglé par le sénat romain, et leur droit civil par les édits des préfets. Réate était une ville de l'Ombrie, sur les confins du pays des Sabins, située à quinze milles de Rome (aujourd'hui Rieti).

— 9. *Tertia vigilia.* Les Romains partageaient la nuit en quatre veilles, dont la première commençait après la douzième heure du jour. Ces quatre veilles, de trois heures chacune, se subdivisaient en huit parties, dont les noms différents indiquaient le progrès, puis le décroissement de la nuit : *vesper, crepusculum, prima fax, conticinium, intempestum, gallicinium, matutinum* et *diluculum.* Cette division comprenant tout le temps qui s'écoule depuis le coucher jusqu'au lever du soleil, il en résultait que chaque veille désignait des heures différentes suivant les saisons; ainsi, la troisième finissait, au solstice d'hiver (époque dans laquelle on se trouvait alors), à quatre heures du matin; aux équinoxes, à trois heures; et au solstice d'été, à deux heures.

Page 76 : 1. *Cimbrum Gabinium*. Le même que Salluste désigne par les noms de P. Gabinius Capito, de l'ordre des chevaliers. *Cimber* était sans doute un surnom. Il fut du nombre de ceux qui subirent le dernier supplice ; aussi A. Gabinius, son parent, devenu consul quelques années après, fit-il par ressentiment exiler Cicéron, de concert avec Clodius.

— 2. *Præter consuetudinem*. Lentulus était connu pour sa paresse et son indolence. Catilina l'en accusa lui-même et lui attribua son échec : *Scitis equidem, milites, socordia atque ignavia Lentuli quantam ipsi cladem nobisque attulerit* (SALL., *Cat.*, ch. LVIII).

— 3. *Fidem ei publicam..... dedi*. C'était une promesse d'impunité que les magistrats faisaient aux coupables pour en obtenir des révélations ; mais ils ne pouvaient s'engager qu'avec l'autorisation du sénat.

— 4. *Servorum præsidio uteretur*. Si l'on en croit Salluste, Catilina repoussait le concours des esclaves.

— 5. *A L. Cassio*. Ce Cassius avait été le compétiteur de Cicéron pour le consulat, et s'était ensuite jeté dans la conspiration de Catilina.

Page 78 : 1. *Ex fatis Sibyllinis*. On désignait par ces mots les oracles contenus dans les livres sibyllins, confiés, comme le trésor le plus précieux, à la garde de quinze prêtres appelés *Quindécemvirs*. On connaît l'histoire de leur origine (Voy. TITE-LIVE, liv. XXI, ch. LXII). Ils n'étaient jamais consultés que par ordre du sénat, et seulement à l'apparition de quelque prodige auquel on pouvait croire le salut de la république intéressé. Lentulus, ainsi que Cinna et Sylla, était de l'illustre famille *Cornelia*. Or, disait-on, les livres sibyllins portaient que CCC. règneraient successivement à Rome, et ces lettres initiales pouvaient s'appliquer naturellement à trois *Cornélius*.

— 2. *Post virginum absolutionem*. La vestale Fabia, sœur de Térentia, femme de Cicéron, avait été accusée par Clodius d'avoir violé son vœu de chasteté ; mais elle avait été absoute après un admirable plaidoyer de Pison (Voy. CIC., *Brutus*, LXVIII). Plusieurs autres vestales furent impliquées dans la même accusation.

— 3. *Post Capitolii incensionem*. Le Capitole avait été détruit par un incendie, l'an de Rome 670, sous le consulat de L. Scipion et de C. Norbanus, et rebâti ensuite par Q. Catulus.

— 4. *Cædem Saturnalibus fieri.* La fête des Saturnales, l'une des plus antiques et des plus solennelles de Rome, commençait le XVI des calendes de janvier, et durait pendant cinq ou sept jours. Cette époque avait dû paraître favorable aux conjurés, parce que c'était celle d'un bouleversement social complet, et que la ville tout entière s'agitait alors dans le désordre et la débauche.

— 5. *Linum incidimus.* L'usage chez les Romains était de plier la lettre et de passer ensuite de part en part un fil dont on arrêtait les deux bouts au moyen d'une plaque de cire, sur laquelle on imprimait son cachet.

— 6. *Imago avi tui.* Cet aïeul, dont le cachet représentait l'image, était P. Lentulus, prince du sénat, qui s'était opposé, les armes à la main, à C. Gracchus, et avait été grièvement blessé dans le combat.

— 7. *Per quem.... venissent.* Ces mots désignent P. Umbrénus.

Page 80 : 1. *Dicendi exercitatio.* Cicéron, dans le traité intitulé *Brutus,* place Lentulus parmi les orateurs célèbres, au même rang qu'Hortensius.

— 2. *Etiam infimorum.* Ce mot désigne sans doute les esclaves, dont nous avons dit que Catilina ne jugeait pas de sa dignité d'appeler le secours.

— 3. *Principibus.* On appelait *principes* ceux qui donnaient les premiers leur avis. C'étaient les personnages consulaires, les consuls désignés.

— 4. *Collegæ meo.* Antoine, le collègue de Cicéron et l'ami de Catilina, n'avait été détourné de prendre part à la conjuration, suivant Salluste, que par l'abandon que Cicéron lui avait fait de ses droits au gouvernement de la Macédoine.

— 5. *In custodiam traderetur.* Lorsqu'un citoyen était poursuivi pour un crime emportant peine de mort, l'arrestation était inévitable, et s'opérait de trois façons différentes, suivant les circonstances et le rang des accusés : 1° par l'*incarcération,* ou renvoi dans la prison publique ; 2° par la *détention libre,* c'est-à-dire le séjour dans la maison d'un sénateur ou d'un magistrat, à la garde duquel on confiait le prévenu (c'est de cette détention qu'il s'agit ici) ; 3° par la *détention militaire,* la plus rigoureuse des trois. L'accusé, dans ce cas, était commis à la garde d'un soldat, et retenu par une chaîne qui lui enserrait le bras droit et se rattachait au bras gauche de son gardien.

Page 82 : 1. *Gallos ad Gabinium perducios.* D'après Salluste,

P. Umbrénus conduisit les Gaulois, non pas chez Gabinius, mais chez D. Brutus, où il fit venir aussi Gabinius.

— 2. *Novem hominum.* Salluste ne nomme que cinq conjurés mis à mort, et Cicéron lui-même (*Orat. pro Sulla*) dit que les quatre autres ne furent pas arrêtés. La sentence du sénat ne les avait donc frappés que par contumace.

— 3. *Togato.* Les supplications n'avaient été ordonnées jusque-là que pour rendre grâces aux dieux d'une grande victoire, et cette cérémonie religieuse était presque aussi honorable pour le vainqueur que le triomphe lui-même.

Page 84 : 1. *Non Saturnalia constituisset.* Non pas comme un moment inopportun, mais comme une époque trop éloignée.

— 2. *Quæ tam multa.* On avait, en effet, parlé d'une foule de prodiges menaçants. Ce qu'il y avait de certain, c'est que peu de temps auparavant la foudre était tombée sur le Capitole. Le président de Brosses dit avoir visité le groupe de Romulus et de Rémus, et avoir remarqué *avec curiosité et satisfaction* les traces très-visibles de ce coup de foudre. Quelques antiquaires pensent que ce groupe n'est qu'une copie de l'ancien.

Page 86 : 1. *Ex tota Etruria.* L'Étrurie avait le privilége de fournir presque tous les aruspices. Les Romains y envoyaient leurs enfants pour y être formés dans l'art de la divination.

— 2. *A superioribus consulibus.* Ces consuls, prédécesseurs de Cicéron, étaient L. César et C. Figulus.

— 3. *Patefacta vidistis.* Cicéron, dans son traité *de Divinatione*, I, 12, cite un morceau du poëme qu'il avait composé lui-même sur son consulat, et dans lequel la muse Uranie raconte en vers très-remarquables ce prodige, ainsi que tous ceux qui avaient signalé cette époque.

Page 88 : 1. *Ad omnia pulvinaria.* Par ce mot on désignait spécialement les lits sur lesquels on étendait dans les temples les statues des dieux, quand on leur offrait les festins propitiatoires appelés *lectisternia.* Mais sa signification s'étendait aux temples eux-mêmes dans lesquels ces cérémonies avaient lieu.

— 2. *Quas audistis.* Par exemple, les retraites du peuple sur le Mont-Sacré et sur le mont Aventin.

— 3. *P. Sulpicium.* Sulpicius, tribun du peuple, après s'être dévoué d'abord aux intérêts de Sylla, s'était ensuite déclaré contre lui et voulait, d'accord avec Marius, lui faire ôter le commandement de la guerre contre Mithridate. Sylla revint alors à Rome, en chassa Marius, et le fit déclarer ennemi public, ainsi que Sulpicius et plusieurs autres sénateurs; Sulpicius fut tué.

— 4. *Custodem hujus urbis.* Cicéron donne ce titre à Marius à cause de ses succès dans la guerre contre les Cimbres.

— 5. *On. Octavius.* Pendant l'absence de Sylla, la guerre s'était ranimée entre ses partisans et ceux de Marius, qui avaient pour chef Cinna, l'un des consuls. Octavius, dévoué à Sylla, chassa son collègue de Rome dans une sédition sanglante.

— 6. *Hic locus.* Le forum, dans lequel le peuple était alors assemblé. Plutarque dit qu'il périt dix mille hommes du côté seulement de Cinna.

— 7. *Cinna cum Mario.* A son retour d'Afrique, Marius se réunit à Cinna, et tous deux rentrèrent dans Rome.

— 8. *Lumina civitatis.* Cicéron cite ailleurs parmi les victimes des guerres civiles Q. Catulus, M. Antonius, C. et L. Julius, Q. Scævola.

— 9. *Deminutione civium.* Après que les deux partis de Marius et de Sylla eurent déposé les armes, il périt encore soixante-dix mille citoyens par les proscriptions.

— 10. *Ad commutandam rempublicam.* L'objet de la plupart des dissensions n'avait été qu'une lutte entre le sénat et le peuple pour des modifications à apporter dans l'équilibre de ces deux pouvoirs rivaux.

Page 90 : 1. *Nihil mutum,* aucun monument muet, comme une statue, une image.

— 2. *Duos cives exstitisse.* Ce passage est probablement altéré, car la pensée n'est pas complète. Orelli a proposé cette conjecture assez plausible : *eamdemque diem intelligo atque spero æternam fore, et ad salutem urbis et ad memoriam consulatus mei propagatum iri, uno tempore,* et mieux encore : *Eamdemque diem ... ad memoriam consulatus mei propagatam esse; unoque tempore, etc.*

— 3. *Quorum alter.* Pompée, qui faisait alors la guerre dans l'Orient.

Page 92 : 1. *In honore vestro.* La dignité consulaire était, en effet, le but le plus élevé auquel pût atteindre l'ambition d'un citoyen.

— 2. *Jam nox est.* Nous avons dit que ce discours avait été prononcé vers la fin du jour, après la séance du sénat.

— 3. *Illum Jovem.* L'orateur désignait sans doute par son geste le temple de Jupiter Stator, situé au pied du Capitole, ou plutôt encore cette statue de Jupiter qui venait d'être élevée, conformément aux réponses des aruspices, en vue du forum, et dont il avait dit plus haut, ch. VIII, *illud signum*, QUOD VIDETIS.

ARGUMENT ANALYTIQUE

DU QUATRIÈME DISCOURS CONTRE CATILINA.

Le jour des nones de décembre, Cicéron voyant que les partisans et les affranchis de Lentulus, de Céthégus et des principaux conjurés cherchaient à soulever la populace et les esclaves, convoqua le sénat dans le temple de Jupiter Stator, afin qu'il eût à prononcer aussitôt sur le sort des coupables.

Le jugement que ce corps allait rendre était un acte contraire à sa constitution même, qui ne lui conférait pas le pouvoir judiciaire; c'était aussi une violation des lois Porcia et Sempronia, qui défendaient qu'aucun citoyen romain fût condamné à la mort, ou même à l'exil, autrement que par le peuple assemblé en centuries. Mais dans le péril extrême où la conjuration avait placé la république, le sénat n'avait plus à obéir qu'à une seule loi, la loi suprême du salut public. C'était là du moins ce que voulaient obtenir de lui les efforts du consul, c'était le but du discours qu'il allait prononcer en résumant toute la discussion.

Décimus Julius Silanus, entendu le premier, à titre de consul désigné, avait opiné pour le dernier supplice. Muréna, son collègue, avait suivi son exemple, ainsi que la plupart des consulaires et des principaux du sénat. Mais alors César, grand-pontife et préteur désigné, prononça ce discours si habilement étudié, dont Salluste nous a conservé sinon la forme, du moins l'esprit, et dans lequel, sous le prétexte de frapper les coupables d'un châtiment beaucoup plus sévère que la mort, mais dans la pensée réelle de les sauver, il proposait contre eux la prison perpétuelle et la confiscation des biens. Séduits et entraînés par les brillants sophismes de César, un grand nombre de sénateurs et Silanus lui-même, renonçant à leur premier avis, s'étaient rangés au sien; le frère même de Cicéron revenait sur son premier vote. Aussi tous les regards se tournaient vers le consul, qui, sentant bien que le moment était décisif, et ne pouvant se dissimuler les périls auxquels devait l'exposer son courage, se dévoua sans hésitation et sans crainte pour le salut de la patrie.

I. Cicéron remercie les sénateurs des inquiétudes qu'ils témoignent pour sa sûreté; mais ils ne doivent penser qu'au salut de la république. Il continuera, s'il le faut, à se sacrifier tout entier à la patrie.

II. Les dieux qui protégent Rome ne le laisseront pas succomber dans son entreprise; et d'ailleurs il est tout prêt à mourir: s'il songe aux objets de son affection, c'est pour essayer de les sauver, au prix de sa vie, avec la ville entière.

III. Les projets des conjurés sont connus; ils les ont avoués, et le sénat, par ses actes précédents, a déjà manifesté son jugement; il ne reste plus qu'à prononcer la peine, mais il importe de le faire sans aucun retard.

IV — VI. Deux opinions différentes ont été soutenues, celle de Silanus, qui demande la mort des coupables, et celle de César, qui les croirait plus rigoureusement punis par la prison perpétuelle et la confiscation de leurs biens. Le consul résume avec impartialité les motifs de l'une et de l'autre opinion, mais de manière cependant à laisser voir sa préférence pour celle de Silanus. Il ne se dissimule pas cependant qu'il aurait personnellement beaucoup moins de dangers à courir si le sénat adoptait l'avis de César, mais doit-il penser à lui en présence de l'intérêt de la patrie? Si c'est l'avis contraire qui l'emporte, César sera du moins forcé de convenir qu'on a choisi la peine la plus douce. Dans tous les cas, les conjurés ne sauraient inspirer aucune pitié, et tout ce que l'on peut craindre, c'est que leur châtiment ne soit pas assez terrible.

VII — VIII. On objecte au consul la difficulté de faire exécuter un arrêt de mort; mais il a tout prévu, tout préparé. Pour appuyer le consul, tous les ordres de l'État, tous les citoyens sont réunis dans un commun désir de contribuer au salut de la république, et ils sauront s'y dévouer comme à leur intérêt le plus cher.

IX. Le sénat ne peut douter du dévouement du consul; il entend la voix suppliante de la patrie; il va prononcer sur ses intérêts les plus sacrés. Il ne peut laisser périr en un moment un empire fondé par tant de travaux et parvenu jusqu'au faîte de la puissance et de la gloire.

X. Cicéron dédaigne les nombreux ennemis que lui a faits son courage. S'il doit succomber sous leur haine, la gloire le consolera; il aura sa place dans la mémoire de la postérité, à côté des deux Scipions, de Paul Émile, de Marius et de Pompée.

XI. Mais, soutenu par l'union inébranlable des chevaliers et du sénat, il triomphera sans doute, et ne demandera pour récompense à ses concitoyens que de garder un souvenir éternel de son consulat. Enfin, si son espoir doit être trompé, il recommande au sénat son fils au berceau. Il termine en exhortant une dernière fois les sénateurs à prononcer un arrêt dont il accepte la responsabilité et garantit l'exécution.

L'effet produit par ce discours avait déjà raffermi tous les courages, lorsque M. Porcius Caton, tribun désigné, et très-jeune encore, acheva d'entraîner les sénateurs en s'associant de la manière la plus énergique et la plus éloquente à l'opinion du consul. La sentence de mort fut aussitôt prononcée d'une voix presque unanime et mise immédiatement à exécution sur Lentulus, Céthégus, Statilius, Gabinius et Cæparius, qui furent étranglés dans la prison.

ORATIO QUARTA
IN L. CATILINAM.

I. Video, patres conscripti, in me omnium vestrum ora atque oculos esse conversos; video vos non solum de vestro ac reipublicæ, verum etiam, si id depulsum sit, de meo periculo[1] esse sollicitos. Est mihi jucunda in malis et grata in dolore vestra erga me voluntas; sed eam, per deos immortales, quæso, deponite, atque, obliti salutis meæ, de vobis ac de liberis vestris cogitate. Mihi quidem si hæc conditio consulatus data est, ut omnes acerbitates, omnes dolores cruciatusque perferrem, feram non solum fortiter, sed etiam libenter, dummodo meis laboribus vobis populoque romano dignitas salusque pariatur.

Ego sum ille consul, patres conscripti, cui non forum, in quo omnis æquitas continetur[2], non campus, consularibus auspiciis[3] consecratus, non curia, summum auxilium omnium gentium, non domus, commune perfugium, non lectus, ad quietem datus, non denique hæc sedes honoris, sella curulis, unquam vacua mortis periculo atque insidiis fuit. Ego multa tacui[4], multa pertuli, multa concessi[5], multa meo quodam dolore, sine vestro timore, sanavi. Nunc, si hunc exitum consulatus mei[6] dii immortales esse voluerunt, ut vos, patres conscripti, populumque romanum ex cæde miserrima, conjuges liberosque vestros virginesque vestales ex acerbissima vexatione, templa atque delubra, hanc pulcherrimam patriam omnium nostrum ex fœdissima flamma, totam Italiam ex bello et vastitate eriperem, quæcumque mihi uni proponetur fortuna, subeatur. Etenim, si P. Lentulus suum nomen, inductus a vatibus, fatale ad perniciem reipublicæ fore putavit, cur ego non læter, meum consulatum ad salutem reipublicæ prope fatalem exstitisse?

QUATRIÈME DISCOURS
CONTRE L. CATILINA.

I. Je vois, pères conscrits, que tous vos regards sont dirigés sur moi; je vois que vous êtes préoccupés non-seulement du danger qui vous menace vous et la république, mais encore, et n'en existât-il plus d'autre, de celui que je cours. Votre intérêt adoucit mes maux et console mes douleurs; mais, au nom des dieux immortels, bannissez-le de vos cœurs, je vous en conjure, et sans penser à mon salut, songez à vous et à vos enfants. Car pour moi, s'il est dans la destinée de mon consulat de m'imposer toutes les amertumes, tous les chagrins, tous les tourments, je ne les supporterai pas seulement avec courage, mais même avec plaisir, pourvu que la gloire et le salut du sénat et du peuple romain soient le fruit de mes travaux.

Vous voyez en moi, pères conscrits, un consul qui n'a jamais cessé d'être exposé à la mort et aux trahisons, ni dans le forum, sanctuaire de toute justice; ni dans le champ de Mars, consacré par les auspices populaires; ni dans le sénat, suprême asile de toutes les nations; qui n'a pu trouver un abri dans sa maison, refuge assuré pour tous, ni dans la couche où chacun trouve le repos, pas même sur ce siége d'honneur, sur cette chaise curule. Silence, résignation, sacrifices, rien ne m'a coûté; j'ai souffert bien des maux pour vous épargner bien des craintes.

Aujourd'hui, si la volonté des dieux immortels me destine, en terminant mon consulat, à vous arracher, vous, pères conscrits, et le peuple romain aux horreurs du carnage, vos femmes, vos enfants, les vestales aux plus cruels outrages, les temples, les sanctuaires, cette belle patrie que nous chérissons tous à un affreux incendie, l'Italie entière à la guerre et à la dévastation; quel que soit le sort que me réserve la fortune, je m'y soumets. En effet, si P. Lentulus a cru, sur la foi des devins, que son nom devait être fatal à la république, pourquoi ne serais-je pas heureux que le destin ait marqué mon consulat pour votre salut?

5.

II. Quare, patres conscripti, consulite vobis, prospicite patriæ, conservate vos, conjuges, liberos fortunasque vestras; populi romani nomen salutemque defendite : mihi parcere ac de me cogitare desinite. Nam primum debeo sperare, omnes deos, qui huic urbi præsident, pro eo mihi, ac mereor, relaturos gratiam esse. Deinde, si quid obtigerit, æquo animo paratoque moriar. Neque enim turpis mors forti viro potest accidere, neque immatura consulari[1], nec misera sapienti. Nec tamen ego sum ille ferreus, qui fratris carissimi[2] atque amantissimi præsentis mœrore non movear, horumque omnium[3] lacrimis, a quibus me circumsessum videtis. Neque meam mentem non domum sæpe revocat exanimata uxor, abjecta metu filia, et parvulus filius, quem mihi videtur amplecti respublica, tanquam obsidem consulatus mei; neque ille, qui exspectans hujus exitum diei, adstat in conspectu meo gener. Moveor his rebus omnibus, sed in eam partem, ut salvi sint vobiscum omnes, etiam si vis aliqua me oppresserit, potius quam et illi et nos una reipublicæ peste pereamus.

Quare, patres conscripti, incumbite ad reipublicæ salutem ; circumspicite omnes procellas, quæ impendent, nisi providetis. Non Tib. Gracchus, qui iterum tribunus plebis fieri voluit; non C. Gracchus, qui agrarios concitare conatus est ; non L. Saturninus, qui C. Memmium[4] occidit, in discrimen aliquod atque in vestræ severitatis judicium adducitur : tenentur ii, qui ad urbis incendium, ad vestrum omnium cædem, ad Catilinam accipiendum, Romæ restiterunt. Tenentur litteræ, signa, manus, denique uniuscujusque confessio; sollicitantur Allobroges; servitia excitantur; Catilina arcessitur; id est initum consilium, ut, interfectis omnibus, nemo ne ad deplorandum quidem reipublicæ nomen, atque ad lamentandam tanti imperii calamitatem relinquatur.

III. Hæc omnia indices detulerunt, rei confessi sunt, vos multis jam judiciis[5] judicastis : primum, quod mihi gratias egistis singularibus verbis, et mea virtute atque diligentia perditorum hominum patefactam esse conjurationem decrevistis; deinde, quod P. Lentulum, ut se abdicaret prætura, coegistis; tum, quod eum, et ceteros, de quibus judicastis, in

II. Ainsi, pères conscrits, songez à vous-mêmes, veillez sur la patrie, sauvez vos personnes, vos femmes, vos enfants, vos biens ; défendez le nom et l'existence du peuple romain ; plus de ménagements, plus d'inquiétudes pour moi. Car d'abord je dois espérer que tous les dieux protecteurs de cette ville accorderont à mes services une légitime récompense ; ensuite, s'il m'arrive malheur, je mourrai sans regret et sans faiblesse. La mort ne peut être, en effet, ni honteuse pour un homme courageux, ni prématurée pour un consulaire, ni malheureuse pour un sage. Je n'ai cependant pas un cœur de fer, je ne demeure pas insensible à la vue de la tristesse d'un frère dont je partage la tendre affection, et des larmes de tous ceux dont vous me voyez entouré. Ma pensée me reporte souvent aussi dans ma maison près d'une femme éperdue, d'une fille tremblante et d'un fils au berceau, que la république semble adopter comme un otage qui lui répond des actes de mon consulat ; je vois aussi dans cette enceinte un gendre qui attend l'issue de ce grand jour. Oui, ces objets touchent mon âme, mais pour m'inspirer le désir de les sauver avec vous, fût-ce aux dépens de ma vie, plutôt que de les laisser périr avec nous tous, avec la république.

Veillez donc, pères conscrits, au salut de l'État ; regardez autour de vous, voyez quels orages vous menacent, si vous ne les conjurez. Ce n'est point un Tib. Gracchus, voulant être une seconde fois tribun du peuple ; ce n'est point un C. Gracchus, s'efforçant de soulever les partisans de la loi agraire ; ce n'est point L. Saturninus, meurtrier de C. Memmius, qui sont amenés devant vous et qui attendent l'arrêt de votre sévère justice ; vous tenez dans vos mains les hommes qui sont restés dans Rome pour la livrer aux flammes, pour vous immoler tous, pour ouvrir les portes à Catilina. Vous avez leurs lettres, leurs cachets, leur écriture, enfin l'aveu de chacun des complices : on cherche à séduire les Allobroges ; on soulève les esclaves ; on appelle Catilina ; on forme le projet d'un massacre général, auquel ne survivra pas même un seul de nous pour déplorer l'extinction du nom romain et gémir sur le désastre d'un si grand empire.

III. Tous ces complots vous ont été révélés par des témoins, leurs auteurs les ont avoués, vous-mêmes vous en avez déjà fait connaître plus d'une fois votre jugement : d'abord, lorsque vous m'avez rendu des actions de grâces particulières, en déclarant que mon courage et ma vigilance ont découvert ces complots impies ; ensuite, lorsque vous avez forcé P. Lentulus d'abdiquer la préture, et décidé qu'il serait mis en prison avec ceux que vous aviez jugés coupables ; mais

custodiam dandos censuistis; maximeque, quod meo nomine
supplicationem decrevistis, qui honos togato habitus ante me
est nemini; postremo, hesterno die præmia legatis Allobrogum
Titoque Vulturcio dedistis amplissima. Quæ sunt omnia ejus
modi, ut ii, qui in custodiam nominatim dati sunt, sine ulla
dubitatione a vobis damnati esse videantur.

Sed ego institui referre ad vos, patres conscripti, tanquam
integrum [1], et de facto, quid judicetis, et de pœna, quid cen-
seatis. Illa prædicam, quæ sunt consulis. Ego magnum in republica versari furorem, et nova quædam misceri et concitari
mala jampridem videbam; sed hanc tantam, tam exitiosam
haberi conjurationem a civibus, nunquam putavi. Nunc, quidquid est, quocumque vestræ mentes inclinant atque sententiæ,
statuendum vobis ante noctem [2] est. Quantum facinus ad vos
delatum sit, videtis. Huic si paucos putatis affines esse, vehementer erratis. Latius opinione disseminatum est hoc malum; manavit non solum per Italiam, verum etiam transcendit
Alpes et, obscure serpens, multas jam provincias occupavit.
Id opprimi sustentando ac prolatando nullo pacto potest. Quacumque ratione placet, celeriter vobis vindicandum est.

IV. Video duas adhuc esse sententias : unam D. Silani [5],
qui censet, eos, qui hæc delere conati sunt, morte esse mul-
tandos; alteram C. Cæsaris [4], qui mortis pœnam removet,
ceterorum suppliciorum omnes acerbitates amplectitur. Uter-
que et pro sua dignitate et pro rerum magnitudine in summa
severitate versatur. Alter eos, qui nos omnes, qui populum
Romanum vita privare conati sunt, qui delere imperium, qui
populi romani nomen exstinguere, punctum temporis frui vita
et hoc communi spiritu non putat oportere; atque hoc genus
pœnæ [8] sæpe in improbos cives in hac republica esse usur-
patum recordatur. Alter intelligit, mortem a diis immortalibus
non esse supplicii causa constitutam, sed aut necessitatem
naturæ, aut laborum ac miseriarum quietem esse [6]. Itaque
eam sapientes nunquam inviti, fortes etiam sæpe libenter op-
petiverunt. Vincula vero, et ea sempiterna, certe ad singularem
pœnam nefarii sceleris inventa sunt. Municipiis dispertiri jubet. Habere videtur ista res iniquitatem [7], si imperare velis;

surtout quand vous avez ordonné, en mon nom, des prières publiques, honneur qu'avant moi ne reçut aucun magistrat civil; enfin, quand hier vous avez décerné de magnifiques récompenses aux députés des Allobroges et à Titus Vulturcius. Tous ces actes ont un tel caractère, que les accusés dont vous avez prononcé la détention paraissent évidemment condamnés par vous.

J'ai cependant voulu, pères conscrits, vous appeler, comme si l'affaire était encore intacte, à prononcer votre jugement sur le fait et votre résolution sur le châtiment. Je vous parlerai d'abord comme doit le faire un consul. Je voyais depuis longtemps de coupables fureurs couver au sein de la république et préparer l'explosion de malheurs inconnus; mais que des citoyens formassent une si vaste, une si funeste conjuration, je ne l'aurais jamais pensé. Maintenant, quoi qu'il en soit, et de quelque côté que penchent vos sentiments et vos opinions, il faut vous prononcer avant la nuit. Vous voyez l'énormité du crime qu'on vous dénonce. Si vous croyez qu'il ne s'y rattache qu'un petit nombre de complices, vous êtes dans une grande erreur. Le mal s'étend plus loin qu'on ne pense; il n'a pas seulement infecté l'Italie, il a aussi franchi les Alpes, et, continuant sa marche secrète, envahi déjà plusieurs provinces. En triompher par la patience, par les lenteurs, c'est impossible. Quelque remède que vous choisissiez, dans la promptitude seule est le succès.

IV. Je vois jusqu'à présent deux opinions en présence : celle de D. Silanus, qui juge dignes de la mort ceux qui ont voulu détruire la république; celle de C. César, qui, rejetant la peine de mort, adopte toute la rigueur des autres supplices. Tous deux, ainsi que le veulent leur rang et l'énormité du crime, font preuve de la dernière sévérité. Le premier ne pense pas que des hommes qui ont voulu nous arracher la vie à tous, exterminer le peuple romain, renverser l'empire, effacer du monde le nom de Rome, doivent jouir un seul instant de la lumière et de l'air que nous respirons; il nous rappelle que la république a souvent frappé du dernier supplice des citoyens coupables. Le second se fait cette idée de la mort, que les dieux immortels ne l'ont point établie comme un châtiment pour le crime, mais comme une loi de la nature et un repos après les misères de la vie. Aussi le sage la voit-il toujours approcher sans regret, et l'homme courageux souvent avec plaisir. Mais les fers, les fers pour toujours, furent inventés sans aucun doute pour la punition expresse de quelque crime épouvantable. Il veut qu'on distribue les condamnés dans les villes municipales. Si l'on veut forcer celles-ci de les recevoir, on commet une injustice; si on

difficultatem, si rogare. Decernatur tamen, si placet[1]. Ego
enim suscipiam, et, ut spero, reperiam, qui id, quod salutis
omnium causa statueritis, non putent esse suæ dignitatis re-
cusare. Adjungit gravem pœnam municipibus, si quis eorum
vincula ruperit; horribiles custodias circumdat, et digna scelere hominum perditorum sancit, ne quis eorum pœnam, quos
condemnat, aut per senatum, aut per populum levare possit;
eripit etiam spem, quæ sola hominem in miseriis consolari
solet. Bona præterea publicari jubet; vitam solam relinquit
nefariis hominibus: quam si eripuisset, multos uno dolore dolores animi atque corporis, et omnes scelerum pœnas ademis-
set. Itaque, ut aliqua in vita formido improbis esset posita,
apud inferos ejus modi quædam illi antiqui supplicia impiis
constituta esse voluerunt: quod videlicet intelligebant, his re-
motis, non esse mortem ipsam pertimescendam.

V. Nunc, patres conscripti, ego mea video quid intersit.
Si eritis secuti sententiam C. Cæsaris, quoniam hanc is in republica viam, quæ popularis habetur[2], secutus est, fortasse
minus erunt, hoc auctore et cognitore[3] hujusce sententiæ, mihi
populares impetus pertimescendi; sin illam alteram, nescio
an amplius mihi negotii contrahatur. Sed tamen meorum periculorum rationes utilitas reipublicæ vincat. Habemus enim a
C. Cæsare, sicut ipsius dignitas et majorum ejus amplitudo
postulabat, sententiam, tanquam obsidem perpetuæ in rempublicam voluntatis. Intellectum est, quid intersit inter levi-
tatem concionatorum et animum vere popularem, saluti populi consulentem.

Video de istis, qui se populares haberi volunt, abesse non
neminem, ne de capite videlicet civium romanorum sententiam ferat. Is et nudiustertius in custodiam cives romanos
dedit, et supplicationem mihi decrevit, et indices hesterno die
maximis præmiis affecit. Jam hoc nemini dubium est, qui reo
custodiam, quæsitori[4] gratulationem, indici præmium decrevit, quid de tota re et causa judicarit. At vero C. Cæsar intelligit, legem Semproniam[5] esse de civibus romanis constitutam;
qui autem reipublicæ sit hostis, eum civem esse nullo modo
posse; denique ipsum latorem legis Semproniæ, jussu populi[6]

les en prie, on aura peine à l'obtenir. Prononcez toutefois cet
arrêt, si vous le jugez à propos. Je prends sur moi de chercher, et
je trouverai, je l'espère, des villes qui ne croiront pas de leur honneur de se refuser à une mesure que vous aurez prise pour le salut
de tous. César prononce en outre des peines sévères contre tout ha-
bitant qui briserait les fers des coupables; il les entoure de gardes formidables et défend, par une rigueur bien légitime envers
ces hommes pervers, que personne, après leur condamnation, ne
puisse demander au sénat ou au peuple de l'adoucir; il leur ôte
jusqu'à l'espérance, unique consolation des malheureux. Il ordonne
encore la confiscation de leurs biens; il ne laisse à ces scélérats que
la vie, parce que s'il la leur arrachait, il les délivrerait, par un instant de souffrance, de toutes les douleurs de l'esprit et du corps, de
tous les tourments du crime. Aussi, pour inspirer dans cette vie
quelque terreur aux méchants, les anciens ont-ils voulu qu'il y eût
dans les enfers des supplices réservés aux impies : ils comprenaient
qu'affranchie de cette crainte, la mort même n'avait plus rien de
redoutable.

V. Maintenant, pères conscrits, je vois quel est mon intérêt. Si
vous adoptez l'avis de C. César, comme il a toujours suivi dans sa
vie publique la route qu'on regarde comme celle des amis du peuple,
peut-être aurai-je moins à redouter les orages populaires pour un
décret qu'il aura proposé, qu'il aura soutenu lui-même; si vous
vous rangez, au contraire, à l'opinion de Silanus, je ne sais s'il
n'en résultera pas de plus graves embarras pour moi. Au reste, l'intérêt public doit l'emporter sur mes dangers personnels. C. César,
par un vote digne de son rang et de sa glorieuse naissance, nous
donne le gage de son attachement inébranlable à la république. Il nous
a fait comprendre quelle distance sépare le futile harangueur qui flatte
le peuple et l'orateur vraiment populaire qui songe à le sauver.

Je sais tel de ces hommes jaloux de passer pour amis du peuple,
qui ne siége pas au milieu de vous, sans doute afin de ne pas porter
une sentence de mort contre des citoyens romains. Et il les a fait
mettre en prison, il y a trois jours, et il a voté des actions de
grâces en mon nom, et il décernait hier aux délateurs de magnifiques récompenses. Or, celui qui a décrété la prison pour les accusés,
des félicitations pour le magistrat instructeur, des récompenses pour
les délateurs, ne laisse de doute à personne sur la façon dont il juge
le fond même de la cause. Quant à C. César, s'il sait que la loi Sempronia fut établie en faveur des citoyens romains, il sait aussi que
celui qui s'est fait l'ennemi de la patrie ne peut plus être un citoyen,
et qu'enfin l'auteur lui-même de cette loi fut puni par l'ordre du

pœnas reipublicæ dependisse. Idem ipsum Lentulum, largito-
rem et prodigum, non putat, quum de pernicie populi romani et exitio hujus urbis tam acerbe tamque crudeliter
cogitarit, appellari posse popularem. Itaque homo mitissimus
atque lenissimus non dubitat P. Lentulum æternis tenebris vin-
culisque mandare; et sancit in posterum, ne quis hujus supplicio levando se jactare, et in pernicie populi romani posthac
popularis esse possit. Adjungit etiam publicatiqnem bonorum,
ut omnes animi cruciatus et corporis, etiam egestas ac mendi-
citas consequatur.

VI. Quamobrem, sive hoc statueritis, dederitis mihi comi-
tem ad concionem, populo carum atque jucundum; sive Silani
sententiam sequi malueritis, facile me atque vos a crudelitatis
vituperatione defendetis, atque obtinebo, eam multo leniorem
fuisse. Quanquam, patres conscripti, quæ potest esse in tanti
sceleris immanitate punienda crudelitas? Ego enim de meo
sensu judico. Nam ita mihi salva republica vobiscum perfrui
liceat, ut ego, quod in hac causa vehementior sum, non atro-
citate animi moveor, quis enim est me mitior? sed singulari
quadam humanitate et misericordia. Videor enim mihi hanc
urbem videre[1], lucem orbis terrarum atque arcem omnium
gentium, subito uno incendio concidentem; cerno animo se-
pultam patriam, miseros atque insepultos acervos civium:
versatur mihi ante oculos adspectus Cethegi et furor in vestra
cæde bacchantis. Quum vero mihi proposui regnantem
Lentulum, sicut ipse se ex fatis sperasse confessus est,
purpuratum esse hunc Gabinium[2]; cum exercitu venisse
Catilinam; tum lamentationem matrum familias, tum fugam
virginum atque puerorum, ac vexationem virginum vesta-
lium perhorresco, et, quia mihi vehementer hæc videntur
misera atque miseranda, idcirco in eos, qui ea perficere
voluerunt, me severum vehementemque præbeo. Etenim
quæro, si quis pater familias, liberis suis a servo interfectis, uxore occisa, incensa domo, supplicium de servo
non quam acerbissimum sumpserit, utrum is clemens ac
misericors, an inhumanus et crudelissimus esse videatur?
Mihi vero importunus ac ferreus, qui non dolore ac cruciatu
nocentis suum dolorem cruciatumque lenierit. Sic nos in his

peuple de ses attentats contre la république. Il ne pense pas non plus
que Lentulus, malgré ses largesses et ses prodigalités, puisse être
appelé l'ami du peuple, lorsqu'il a, sans frémir, conçu le dessein si
barbare d'égorger tous les citoyens et d'anéantir cette ville. Aussi,
quoique le plus doux et le plus clément des hommes, il ne balance
pas à plonger pour toujours P. Lentulus dans les ténèbres et dans les
fers, il menace du châtiment de la loi quiconque voudrait plus tard
se faire un titre de la grâce du coupable et se rendre populaire au
risque de perdre le peuple romain. Il prononce en outre la confiscation des biens de P. Lentulus, afin qu'à tous les tourments de l'âme
et du corps s'ajoutent aussi l'indigence et la misère.

VI. Ainsi donc, en vous rangeant à cette opinion, vous associerez
à ma cause devant l'assemblée un homme cher et agréable au
peuple; en préférant celle de Silanus, il sera facile de nous justi-
fier tous du reproche de cruauté, car l'on m'accordera que c'est le
châtiment le plus doux. Au reste, pères conscrits, quelle cruauté
peut-on commettre quand il s'agit de punir un crime si horrible?
J'en juge, en effet, par ce que je ressens. Puissé-je ne jamais jouir
avec vous du salut de la république, si l'extrême sévérité que je
montre dans cette cause, bien loin de venir de l'inflexibilité de mon
âme, (y a-t-il quelqu'un de plus doux que moi?) n'est pas plutôt la
preuve d'un profond sentiment d'humanité et de pitié. Je crois
voir, en effet, cette ville, la lumière du monde, le rempart de
toutes les nations, disparaissant tout à coup dans un vaste embra-
sement; je me représente sous les cendres de la patrie nos malheureux citoyens entassés sans sépulture; j'ai devant les yeux l'image
de Céthégus, et je le vois assouvir sa fureur dans votre sang.
Mais quand je me figure Lentulus revêtu de cette royauté dont il
avoue avoir fondé l'espérance sur des oracles, un Gabinius honoré
de la pourpre, Catilina reçu dans Rome avec son armée; alors je songe
avec horreur aux cris lamentables des mères, à la fuite des jeunes
filles et des enfants, aux outrages subis par les vestales, et c'est
parce que je trouve ces malheurs cruels et déplorables, que je
montre une rigueur extrême contre ceux qui ont voulu les amasser
sur nous. Je vous le demande, en effet, si un père de famille voyait
ses enfants assassinés par un esclave, sa femme égorgée, sa maison
livrée aux flammes, et ne lui faisait pas subir le plus terrible supplice, passerait-il pour clément et humain, ou ne serait-il pas regardé comme le plus barbare et le plus cruel des hommes? Pour
moi, je croirais sans cœur et sans entrailles celui qui ne chercherait
pas dans la douleur et les tourments du coupable un adoucissement
à sa douleur et à ses tourments. Nous aussi, pères conscrits, en

hominibus, qui nos, qui conjuges, qui liberos nostros truci-
dare voluerunt, qui singulas uniuscujusque nostrum domos,
et hoc universum reipublicæ domicilium delere conati sunt,
qui id egerunt, ut gentem Allobrogum in vestigiis hujus urbis
atque in cinere deflagrati imperii collocarent, si vehementis-
simi fuerimus, misericordes habebimur ; sin remissiores esse
voluerimus, summæ nobis crudelitatis in patriæ civiumque
pernicie fama subeunda est.

Nisi vero cuipiam L. Cæsar, vir fortissimus et amantissimus
reipublicæ, crudelior nudiustertius est visus, quum sororis
suæ, feminæ lectissimæ, virum[1], præsentem et audientem,
vita privandum esse dixit, quum avum[2] jussu consulis interfectum, filiumque ejus impuberem, legatum a patre missum,
in carcere necatum esse dixit. Quorum quod simile factum?
quod initum delendæ reipublicæ consilium? Largitionis voluntas[3] tum in republica versata est, et partium quædam con-
tentio. Atque illo tempore hujus avus Lentuli[4], clarissimus
vir, armatus Gracchum est persecutus ; ille etiam grave tum
vulnus accepit, ne quid de summa republica minueretur ; hic
ad evertenda fundamenta reipublicæ Gallos arcessit, servitia
concitat, Catilinam vocat, attribuit nos trucidandos Cethego,
ceteros cives interficiendos Gabinio, urbem inflammandam
Cassio, totam Italiam vastandam diripiendamque Catilinæ.
Veremini, censeo[5], ne, in hoc scelere tam immani ac nefario,
nimis aliquid severe statuisse videamini, quum multo magis
sit verendum, ne remissione pœnæ crudeles in patriam quam
ne severitate animadversionis nimis vehementes in acerbis-
simos hostes fuisse videamur.

VII. Sed ea, quæ exaudio, Patres conscripti, dissimulare
non possum. Jaciuntur enim voces, quæ perveniunt ad aures
meas, eorum, qui vereri videntur, ut habeam satis præsidii
ad ea, quæ vos statueritis hodierno die, transigenda. Omnia
et provisa, et parata, et constituta sunt, patres conscripti,
quum mea summa cura atque diligentia, tum multo etiam
majore populi romani ad summum imperium retinendum et
ad communes fortunas conservandas voluntate. Omnes adsunt
omnium ordinum homines, omnium denique ætatum ; plenum
est forum, plena templa circa forum, pleni omnes aditus hujus

nous montrant impitoyables envers des hommes qui ont voulu nous massacrer avec nos femmes et nos enfants, qui se sont efforcés de détruire à la fois et la demeure de chacun de nous et le siége de la république entière, qui ont voulu établir les Allobroges sur les ruines de Rome, sur les cendres fumantes de l'empire, nous paraîtrons humains; mais si nous voulons être trop indulgents, nous n'échapperons pas au reproche d'une insensibilité cruelle pour les désastres de la patrie et les maux de nos concitoyens.

Est-ce que L. César, cet homme si courageux et si dévoué à la république, a semblé trop cruel, lorsqu'il a dit, il y a trois jours, que l'époux de sa sœur, femme d'un mérite si distingué, devait être mis à mort, lorsqu'il l'a dit devant lui? lorsqu'il a rappelé que son aïeul avait péri par l'ordre du consul avec son fils jeune encore, qu'il avait chargé d'une mission, et qui fut tué dans la prison? Et ces hommes, qu'avaient-ils fait de comparable à ce que nous voyons? Avaient-ils formé le projet d'anéantir la république? C'étaient des largesses promises, c'était une lutte de partis, qui troublaient alors la république. A cette époque, l'illustre aïeul de Lentulus poursuivit Gracchus les armes à la main; il reçut même une grave blessure en repoussant toute atteinte aux droits de la république; et c'est pour la renverser de fond en comble que son petit-fils amène à sa suite les Gaulois, qu'il soulève les esclaves, qu'il appelle Catilina, qu'il charge Céthégus d'égorger les sénateurs, Gabinius de massacrer les autres citoyens, Cassius de livrer Rome aux flammes, Catilina de désoler et de piller l'Italie entière. Ne craignez pas, croyez-moi, de paraître trop sévères en face d'un attentat aussi impie; craignez bien plutôt de vous montrer cruels envers la patrie par l'indulgence de votre arrêt; nul n'accusera votre rigueur, si vous frappez d'une peine terrible nos plus mortels ennemis.

VII. Toutefois, pères conscrits, je ne puis me taire sur ce que j'entends dire autour de moi. Certaines paroles arrivent à mon oreille; on semble craindre que les moyens ne me manquent pour exécuter le décret que vous porterez aujourd'hui. Tout est prévu, tout est préparé, tout est arrêté, pères conscrits, moins encore par mes soins attentifs et mon extrême vigilance, que par la ferme volonté du peuple romain décidé à conserver son souverain empire, ainsi que la fortune de tous les citoyens. Autour de nous sont réunis des hommes de tous les ordres et de tous les âges; ils remplissent le forum, les temples environnants, toutes les avenues

loci ac templi. Causa enim est post urbem conditam hæc inventa sola , in qua omnes sentirent unum atque idem, præter
eos, qui, quum sibi viderent esse pereundum, cum omnibus
potius quam soli perire voluerunt.

Hosce ego homines excipio et secerno libenter; neque enim
in improborum civium, sed in acerbissimorum hostium numero
habendos puto. Ceteri vero, dii immortales! qua frequentia,
quo studio , qua virtute ad communem dignitatem salutemque
consentiunt! Quid ego hic equites romanos commemorem?
qui vobis ita summam ordinis consiliique[1] concedunt, ut vobiscum de amore reipublicæ certent; quos ex multorum an-
norum dissensione[2] ad hujus ordinis societatem concordiam-
que revocatos hodiernus dies vobiscum atque hæc causa con-
jungit : quam conjunctionem si, in consulatu confirmatam
meo, perpetuam in republica tenuerimus, confirmo vobis
nullum posthac malum civile ac domesticum ad ullam reipublicæ partem esse venturum. Pari studio defendendæ reipublicæ convenisse video tribunos ærarios[3], fortissimos viros ;
scribas[4] item universos, quos quum casu hic dies ad æra-
rium frequentasset, video ab exspectatione sortis[5] ad communem salutem esse conversos.

Omnis ingenuorum adest multitudo, etiam tenuissimorum.
Quis est enim, cui non hæc templa, adspectus urbis, possessio
libertatis, lux denique hæc ipsa et hoc commune patriæ solum
quum sit carum , tum vero dulce atque jucundum?

VIII. Operæ pretium est, Patres conscripti, libertinorum
hominum studia cognoscere, qui sua virtute fortunam hujus civitatis consecuti[6], hanc vere suam patriam esse judicant, quam
quidam hinc nati, et summo nati loco[7], non patriam suam,
sed urbem hostium esse judicaverunt. Sed quid ego hosce
homines ordinesque commemorem, quos privatæ fortunæ,
quos communis respublica, quos denique libertas ea, quæ dul-
cissima est, ad salutem patriæ defendendam excitavit? Servus
est nemo, qui modo tolerabili conditione sit servitutis[8], qui
non audaciam civium perhorrescat, qui non hæc stare cupiat,
qui non tantum, quantum audet[9] et quantum potest, conferat
ad communem salutem, voluntatis.

Quare si quem vestrum forte commovet hoc, quod auditum

qui conduisent à cette enceinte. C'est que cette cause est la seule, depuis la fondation de Rome, qui ait réuni tous les cœurs, à l'exception de ces hommes qui, voyant leur perte inévitable, ont mieux aimé nous entraîner tous dans leur chute que de succomber seuls.

Je les excepte et je les mets volontiers à part ; car, loin même que je les range dans la classe des mauvais citoyens, je vois en eux nos plus cruels ennemis. Quant aux autres, dieux immortels ! quelle affluence, quel zèle, quel courage pour la gloire et le salut de la république ! Que dirai-je ici des chevaliers romains, qui, sans vous contester la prééminence du rang, la supériorité du conseil, rivalisent avec vous de dévouement pour la patrie ? Réunis et réconciliés avec le sénat après de longues années de dissensions, ils s'associent à vous en ce jour pour défendre la même cause. Si cette union, affermie sous mon consulat, pouvait durer toujours, désormais, je vous l'assure, la république n'aurait plus à craindre aucun trouble intérieur, aucune discorde domestique. Je vois amenés ici, par un semblable zèle pour la défense commune, les tribuns du trésor, ces courageux citoyens ; j'y vois aussi tous les secrétaires, qui réunis par hasard au trésor public pour le tirage au sort, négligent tout pour ne songer qu'au salut général.

Nous avons autour de nous tous les hommes libres, même ceux des rangs les plus obscurs. Quel est, en effet, le citoyen pour qui ces temples, l'aspect de cette ville, la possession de la liberté, cette lumière même qui nous éclaire, cette terre de la patrie, ne soient des biens aussi précieux qu'ils sont doux et pleins de charme ?

VIII. Il est juste, pères conscrits, de louer l'ardeur des affranchis ; ces hommes qui ont acquis par leur mérite le droit de cité, regardent comme leur véritable patrie cette ville que d'autres, nés dans son sein, et issus du plus haut rang, n'ont pas traitée comme leur mère, mais comme une ennemie. Que parlé-je des affranchis ? l'intérêt de leur fortune, leur droit de citoyens, l'amour enfin de la liberté, le plus doux des biens, les animent à la défense de la patrie. Il n'est pas un esclave, pour peu que sa condition soit tolérable, qui n'ait horreur de cette audacieuse tentative, qui ne désire la conservation de la république, et ne concoure de tous ses vœux et de tout son pouvoir au salut commun.

Que personne ne s'alarme donc du bruit qu'on a répandu, qu'un

est, lenonem quemdam Lentuli[1] concursare circum tabernas, pretio sperare sollicitari posse animos egentium atque imperitorum, est id quidem cœptum atque tentatum ; sed nulli sunt inventi tam aut fortuna miseri, aut voluntate perditi, qui non ipsum illum sellæ atque operis et quæstus quotidiani locum, qui non cubile ac lectulum suum, qui denique non cursum hunc otiosum vitæ suæ salvum esse velint. Multo vero maxima pars eorum, qui in tabernis sunt, imo vero, id enim potius est dicendum, genus hoc universum, amantissimum est otii. Etenim omne eorum instrumentum, omnis opera ac quæstus frequentia civium sustentatur, alitur otio ; quorum si quæstus, occlusis tabernis[2], minui solet, quid tandem incensis futurum est?

Quæ quum ita sint, patres conscripti, vobis populi romani præsidia non desunt ; vos ne populo romano deesse videamini, providete.

IX. Habetis consulem ex plurimis periculis et insidiis atque ex media morte non ad vitam suam, sed ad salutem vestram reservatum ; omnes ordines ad conservandam rempublicam mente, voluntate, studio, virtute, voce, consentiunt ; obsessa facibus et telis impiæ conjurationis, vobis supplex manus tendit patria communis ; vobis se, vobis vitam omnium civium, vobis arcem et Capitolium, vobis aras Penatium, vobis illum ignem Vestæ perpetuum ac sempiternum, vobis omnia templa deorum atque delubra, vobis muros atque urbis tecta commendat. Præterea de vestra vita, de conjugum vestrarum ac liberorum anima, de fortunis omnium, de sedibus, de focis vestris[3], hodierno die vobis judicandum est.

Habetis ducem memorem vestri, oblitum sui, quæ non semper facultas datur ; habetis omnes ordines, omnes homines, universum populum Romanum, id quod in civili causa hodierno die primum videmus, unum atque idem sentientem. Cogitate, quantis laboribus fundatum imperium, quanta virtute stabilitam libertatem, quanta deorum benignitate auctas exaggeratasque fortunas una nox quam pene delerit. Id ne unquam posthac non modo confici, sed ne cogitari quidem possit a civibus, hodierno die providendum est. Atque hæc

vil agent de Lentulus parcourt les boutiques dans l'espoir de séduire
à prix d'argent des citoyens pauvres et confiants; cette tentative a été faite, il est vrai, mais il ne s'est pas trouvé d'hommes
assez malheureux ou assez pervers pour ne pas vouloir sauver cet asile
où le travail fournit à leurs besoins journaliers, cet abri de leur famille, leur lit, le calme enfin de leur paisible vie. Le plus grand
nombre de cette classe industrieuse, ou, pour mieux dire, cette
classe tout entière n'aime rien tant que la tranquillité. Tous les
profits de son travail, tous ses moyens d'existence, ont besoin pour
être assurés d'une grande population; la paix seule alimente l'industrie. Si ces avantages diminuent quand les ateliers sont fermés,
que serait-ce s'ils devenaient la proie des flammes?

Ainsi, pères conscrits, les secours du peuple romain ne vous manquent point; prenez garde qu'on ne croie pas que vous manquez au
peuple romain.

IX. Vous avez un consul qui a échappé à des dangers, à des piè-
ges, à la mort même, moins pour conserver ses jours, que pour
sauver les vôtres; tous les ordres, rivalisant de courage et de zèle,
n'ont qu'une âme, qu'une volonté, qu'une voix pour le salut de la
république; menacée de la flamme et du fer par une conjuration
impie, la patrie suppliante, tend vers vous ses mains; elle vous
implore pour elle-même, elle vous recommande la vie de tous les
citoyens, la citadelle, le Capitole, les autels des dieux Pénates, le
feu éternel et sacré de Vesta, les temples et les sanctuaires des
divinités, les murs et les maisons de Rome. Enfin c'est sur votre
vie, sur celle de vos femmes et de vos enfants, sur la fortune, sur
les biens, sur le foyer de chaque citoyen que vous allez prononcer
aujourd'hui.

Vous avez un chef qui ne s'occupe que de vous sans songer à lui-
même, ce qui est un avantage bien rare; vous avez, ce qui se voit
aujourd'hui pour la première fois dans une cause politique, tous les
ordres, tous les citoyens, le peuple romain tout entier uni dans
un même sentiment. Songez que de travaux il a fallu pour fon-
der cet empire; que de courage pour y affermir la liberté; quelle
protection divine pour en étendre et en agrandir la puissance;
et une seule nuit a failli tout détruire. Il faut empêcher aujour-
d'hui que jamais, à l'avenir, de mauvais citoyens ne puissent, je
ne dis pas accomplir mais seulement former de semblables projets. Et si je vous tiens ce langage, ce n'est pas pour exciter votre

non ut vos, qui mihi studio pene præcurritis, excitarem, locutus sum, sed ut mea vox, quæ debet esse in republica prin-
ceps, officio functa consulari videretur.

X. Nunc antequam, patres conscripti, ad sententiam redeo,
de me pauca dicam. Ego, quanta manus est conjuratorum,
quam videtis esse permagnam, tantam me inimicorum multitudinem suscepisse video; sed eam esse judico turpem et in-
firmam, contemptam et abjectam. Quod si aliquando, alicujus furore et scelere concitata, manus ista plus valuerit,
quam vestra ac reipublicæ dignitas, me tamen meorum
factorum atque consiliorum nunquam, patres conscripti,
pœnitebit. Etenim mors, quam illi mihi fortasse minitantur,
omnibus est parata; vitæ tantam laudem, quanta vos me
vestris decretis honestastis, nemo est assecutus. Ceteris enim
semper bene gestæ, mihi uni conservatæ reipublicæ gratulationem decrevistis.

Sit Scipio [1] clarus ille, cujus consilio atque virtute Hannibal
in Africam redire atque ex Italia decedere coactus est; ornetur
alter eximia laude Africanus [2], qui duas urbes huic imperio
infestissimas, Carthaginem Numantiamque delevit; habeatur
vir egregius L. Paullus ille, cujus currum [3] rex potentissimus
quondam et nobilissimus, Perses, honestavit; sit in æterna
gloria Marius, qui bis Italiam obsidione et metu servitutis liberavit [4]; anteponatur omnibus Pompeius, cujus res gestæ atque
virtutes iisdem, quibus solis cursus, regionibus ac termi-
nis continentur. Erit profecto inter horum laudes aliquid loci
nostræ gloriæ, nisi forte majus est patefacere nobis provincias, quo exire possimus, quam curare ut etiam illi, qui
absunt, habeant quo victores revertantur [5].

Quanquam est uno loco conditio melior externæ victoriæ,
quam domesticæ, quod hostes alienigenæ aut oppressi ser-
viunt, aut recepti [6] beneficio se obligatos putant; qui autem
ex numero civium, dementia aliqua depravati, hostes patriæ
semel esse cœperunt, eos, quum a pernicie reipublicæ repu-
leris, nec vi coercere, nec beneficio placare possis. Quare mihi
cum perditis civibus æternum bellum susceptum esse video;
quod ego vestro bonorumque omnium auxilio, memoriaque
tantorum periculorum, quæ non modo in hoc populo, qui ser-

zèle, qui prévient, pour ainsi dire, le mien, mais pour remplir mon devoir de consul, qui veut que ma voix se fasse entendre la première à la république.

X. Maintenant, pères conscrits, avant de revenir à l'objet de la délibération, je vous parlerai quelques instants de moi-même. Je vois que je me suis fait autant d'ennemis qu'il y a de conjurés, et vous savez qu'ils sont nombreux ; mais ce n'est, à mes yeux, qu'une foule vile et impuissante, méprisable et abjecte. Et si un jour, poussée par l'audace criminelle de quelque factieux, elle venait à prévaloir contre votre autorité et contre celle de la république, jamais cependant, pères conscrits, je ne me repentirai de ma conduite ni de mes conseils. En effet, la mort, dont peut-être ils me menacent, est le partage de tous les hommes ; mais la gloire dont vos décrets m'ont honoré n'a été donnée qu'à moi seul. Vous avez décerné des actions de grâces à d'autres pour avoir bien servi la république ; je suis le premier qui en reçoive pour l'avoir sauvée.

Illustrons la mémoire du grand Scipion, dont le génie et la valeur forcèrent Annibal de retourner en Afrique et d'abandonner l'Italie ; payons un magnifique tribut d'éloges au second Africain, qui détruisit deux villes, les ennemies les plus acharnées de notre empire, Carthage et Numance ; regardons comme un héros L. Paul Émile, dont Persée, ce monarque si puissant autrefois et si renommé, décora le triomphe ; éternisons la gloire de Marius, qui deux fois délivra l'Italie de l'invasion et de la crainte de la servitude. Plaçons au-dessus de tous ces héros Pompée, dont les exploits et les vertus n'ont d'autres limites que celles où s'arrête la course du soleil. Au milieu de ces gloires, la mienne trouvera sans doute une place, à moins qu'il ne soit plus beau d'ouvrir des provinces où nous puissions nous retirer, que de conserver à nos soldats absents et victorieux une patrie qui les reçoive après leur triomphe.

Il est vrai que les victoires sur l'étranger ont un avantage sur celles que l'on remporte dans les guerres domestiques : les ennemis du dehors, s'ils sont subjugués, deviennent nos esclaves, s'ils sont reçus en grâce, ils se croient enchaînés par la reconnaissance ; mais quand des citoyens, égarés par le délire, se sont une fois déclarés les ennemis de leur patrie, lors même que vous aurez sauvé la république de leurs coups, vous ne pourrez ni les dompter par la force, ni les désarmer par la clémence. Je sais donc bien que je m'engage dans une guerre éternelle avec les mauvais citoyens ; mais appuyé sur votre secours et celui de tous les gens de bien, fort du souvenir de nos dangers, souvenir qui ne se conservera pas seulement dans la mémoire de ce peuple que j'aurai sauvé, mais qui se perpétuera

vatus est, sed etiam in omnium gentium sermonibus ac mentibus semper hærebit, a me atque a meis facile propulsari posse confido. Neque ulla profecto tanta vis reperietur, quæ conjunctionem vestram equitumque Romanorum et tantam conspirationem bonorum omnium perfringere et labefactare possit.

XI. Quæ quum ita sint, patres conscripti, pro imperio.[1], pro exercitu, pro provincia quam neglexi, pro triumpho ceterisque laudis insignibus, quæ sunt a me propter urbis vestræque salutis custodiam repudiata, pro clientelis hospitiisque provincialibus, quæ tamen urbanis opibus[2] non minore labore tueor, quam comparo; pro his igitur omnibus rebus, et pro meis in vos singularibus studiis, proque hac, quam perspicitis, ad conservandam rempublicam diligentia, nihil aliud a vobis, nisi hujus temporis totiusque mei consulatus memoriam postulo; quæ dum erit vestris mentibus infixa, firmissimo me muro septum esse arbitrabor. Quod si meam spem vis improborum fefellerit atque superaverit, commendo vobis parvum meum filium, cui profecto satis erit præsidii, non solum ad salutem, verum etiam ad dignitatem, si ejus, qui hæc omnia suo solius periculo conservaverit, illum esse filium memineritis.

Quapropter de summa salute vestra populique romani, patres conscripti, de vestris conjugibus ac liberis, de aris ac focis[3], de fanis ac templis, de totius urbis tectis ac sedibus, de imperio, de libertate, de salute Italiæ, deque universa republica decernite diligenter, ut instituistis, ac fortiter. Habetis enim eum consulem, qui et parere vestris decretis non dubitet, et ea, quæ statueritis, quoad vivet, defendere et per se ipsum præstare possit.

dans les annales et dans la reconnaissance de toutes les nations, je suis sûr d'écarter facilement le péril et de moi et des miens. Non, jamais aucune force ne prévaudra contre l'union du sénat et des chevaliers romains, et ne pourra rompre ni affaiblir cette puissante ligue de tous les hommes de bien.

XI. Ainsi, pères conscrits, pour le sacrifice que j'ai fait du commandement d'une armée et d'une province, pour le triomphe et les autres distinctions glorieuses auxquelles j'ai renoncé, afin de veiller sur Rome et sur votre salut à tous ; pour ces liaisons de clientèle et d'hospitalité dans les provinces, liaisons que dans la ville même je cultive avec autant de soin que je les recherche ; pour tous ces avantages perdus, pour mon dévoûement sans bornes à vos intérêts, pour ma vigilance dont le salut de la république vous montre les effets, je ne vous demande rien autre chose que de conserver la mémoire de cet événement et de tout mon consulat ; tant qu'elle restera gravée dans vos âmes, je me croirai entouré du rempart le plus sûr. Que si la puissance des méchants trompait mon espoir et triomphait de mes efforts, je vous recommande mon fils encore enfant ; sa vie, je n'en doute pas, ses honneurs mêmes seront assurés, si vous n'oubliez pas qu'il est le fils de celui qui se dévoua seul pour tout sauver.

Vous allez donc décider de votre sort, pères conscrits, du sort du peuple romain, de vos femmes et de vos enfants, de la conservation de vos autels et de vos foyers, des sanctuaires et des temples, des édifices de Rome et de vos maisons, de l'empire, de la liberté, du salut de l'Italie et de la république entière ; ainsi prononcez avec la réflexion et la fermeté que vous avez déjà fait paraître. Vous avez un consul qui ne balancera pas dans son obéissance à vos décrets, et qui saura toute sa vie les défendre et en assurer par lui-même l'exécution.

NOTES

DU QUATRIÈME DISCOURS CONTRE CATILINA.

Page 104 : 1. *Si id depulsum sit, de meo periculo...* Cicéron n'exprimait qu'un bien juste pressentiment de la haine qu'il allait soulever contre lui, s'il se rangeait à l'avis de Silanus, puisque, quelques années plus tard, les partisans de Catilina, dont Clodius était le chef, ayant repris le dessus, il fut banni de Rome, sous le prétexte qu'il avait fait exécuter les conjurés sans jugement.

— 2. *In quo omnis æquitas continetur.* C'était sur le forum que les Romains tenaient la plupart de leurs assemblées politiques, et qu'ils traitaient aussi de leurs affaires particulières les plus importantes. C'était là que le préteur urbain avait un tribunal permanent où il tenait ses audiences.

Le forum était une grande place carrée, presque régulière, mais moitié plus longue que large, qui s'étendait entre le mont Palatin et le mont Capitolin. Tout autour s'élevaient des temples, des basiliques, des arcs de triomphe ; au milieu, des autels, des colonnes, des statues.

— 3. *Auspiciis consularibus.* Les comices consulaires, convoqués par centuries, se tenaient dans le Champ de Mars et ne s'ouvraient jamais que par la cérémonie des auspices. Ce préliminaire était exigé aussi pour les comices par curies, qui ne pouvaient se réunir non plus que dans le Champ de Mars ; mais les comices par tribus en étaient affranchis, et pouvaient se tenir indifféremment, soit au forum, soit sur la place du Capitole, soit dans le Champ de Mars, soit au cirque Flaminius (Voir, dans le premier discours contre Catilina, la note relative aux différentes sortes de comices).

— 4. *Multa tacui.* Cette réticence semble s'appliquer à plusieurs personnages puissants que la rumeur publique accusait d'être favorables aux projets des conjurés, tels que Crassus, César et quelques autres encore.

— 5. *Multa concessi.* Cicéron, pour détacher Antoine du parti de

Catilina, lui avait cédé la province de la Macédoine ; c'est sans doute à cette circonstance qu'il fait allusion.

— 6. *Exitum consulatus mei.* Nous avons dit que ce discours avait été prononcé aux nones de décembre, qui tombaient le 5 de ce mois, et que les nouveaux consuls devaient entrer en charge le 1er janvier suivant.

Page 106 : 1. *Neque immatura consulari.* Arrivé au faîte des honneurs, il avait assez vécu pour sa gloire.

— 2. *Fratris carissimi.* Quintus Cicéron qui, suivant Plutarque, avait d'abord poussé son frère à réclamer le supplice des conjurés, s'était, après le discours de César, rangé à l'avis de Silanus et avait, comme beaucoup d'autres, voté contre la peine de mort et demandé seulement la prison.

— 3. *Horum omnium.* Tous les sénateurs amis de Cicéron se pressaient en ce moment autour de lui, pour lui représenter les dangers auxquels il s'exposerait par une sévérité trop inflexible.

— 4. C. Memmius avait été tué par L. Saturninus, tribun du peuple, qui redoutait de le voir arriver au consulat.

— 5. *Multis jam judiciis.* Cicéron caractérise ainsi diverses circonstances par lesquelles s'était manifesté le jugement que le sénat portait sur la conjuration et sur ses auteurs.

Page 108 : 1. *Tanquam integrum.* Comme si l'affaire était encore entière, intacte, c'est-à-dire comme si vous n'aviez pas déjà prononcé sur le fait (BURNOUF).

— 2. *Ante noctem.* Cicéron ne pressait probablement ainsi le vote des sénateurs, que pour prévenir les tentatives qui pouvaient être faites pendant la nuit pour la délivrance des prisonniers. Toutefois quelques commentateurs rappellent à propos de ce passage que, suivant Varron, un sénatus-consulte prononcé avant le lever ou après le coucher du soleil n'aurait pas été valable.

— 3. *D. Silani.* D. Silanus avait fait connaître le premier son opinion, à titre de consul désigné ; c'était un privilége accordé à cette dignité, de même qu'à celle de prince du sénat. Les autres personnages consulaires donnaient ensuite leur avis par ordre d'ancienneté.

— 4. *C. Cæsaris.* César, alors préteur désigné, avait plaidé contre la peine de mort avec tant d'éloquence et d'habileté, qu'il avait ramené à son opinion un très-grand nombre de sénateurs, parmi lesquels D. Silanus lui-même et Quintus Cicéron, le frère du consul.

— 5. *Hoc genus pœnæ.* Pour en trouver des exemples, il fallait remonter jusqu'à une époque antérieure à la loi *Porcia*, qui avait garanti d'une manière certaine la vie et la liberté des citoyens romains.

— 6. *Aut laborum... quietem esse.* On peut voir dans Salluste (*Cat.*, ch. LI), le développement de cette pensée empruntée par César à la doctrine d'Épicure, pour le besoin de sa cause.

— 7. *Iniquitatem.* Les villes municipales ayant, en effet, leurs lois propres et leurs magistrats particuliers, la proposition de César leur imposait une obligation injuste et les menaçait d'un grave danger en les constituant ainsi, sous leur responsabilité, gardiennes des conjurés.

Page 110 : 1. *Decernatur tamen, si placet.* Cette concession faite à l'opinion de César, dont elle suppose le triomphe, semblerait, au premier abord, accuser l'habileté de Cicéron, si l'on ne voyait pas au contraire un peu plus loin tout le parti qu'il tire de ces ménagements mêmes. C'est, en effet, en supposant que César n'a pas proposé la peine de mort, parce qu'il la trouvait trop douce, que Cicéron se trouve en droit de conclure que si l'on ôte la vie aux conjurés, César ne pourra pas trouver leur punition trop cruelle.

— 2. *Quæ popularis habetur.* Cicéron (*oratio pro Sextio*) partage en deux classes les magistrats dont l'ambition aspire aux premiers rangs, suivant qu'ils s'attachent à flatter les passions de la multitude ou celles des grands. Il appelle les premiers *populares* et les seconds *optimates.*

— 3. *Auctore et cognitore.* On donnait le nom d'*auctor* à celui qui exprimait le premier une opinion, et de *cognitor* à celui qui se chargeait de défendre la cause d'une personne présente. Le *procurator* était celui qui parlait pour un absent.

— 4. *Quæsitori.* On appelait *quésiteurs* ou *questeurs* les magistrats chargés par le peuple de l'instruction et de la poursuite d'une affaire criminelle. C'était ordinairement aux consuls que l'on confiait ce soin.

— 5. *Legem Semproniam.* Loi proposée par C. Sempronius Gracchus, et d'après laquelle le peuple seul avait le droit de condamner à mort un citoyen romain.

— 6. *Jussu populi.* Cette assertion, qui fournissait un puissant argument à la cause, n'était pas exactement conforme à la vérité ; le peuple n'avait pas ordonné la mort de C. Gracchus ; seulement il n'avait rien fait pour s'y opposer et pour le défendre, lorsqu'il fuyait devant l'attaque de ses ennemis et qu'il réclamait du secours (Voyez Plutarque).

Page 112 : 1. *Videor enim mihi... videre.* César avait dit ironiquement qu'on avait fait de magnifiques lieux communs sur les horreurs de la guerre civile (Sall., *Cat.*, ch. LI). Cicéron semble s'attacher à rendre tout leur éclat aux tableaux que César avait mis tous ses efforts à effacer.

— 2. *Purpuratum esse hunc Gabinium.* Gabinius était le plus intime ami de Lentulus. Celui-ci, en arrivant au pouvoir, n'aurait pas manqué de l'élever à l'une des dignités dont la pourpre était l'insigne distinctif.

Page 114 : 1. *Sororis suæ... virum.* Julie, sœur de César, après la mort de son premier mari M. Antonius Créticus, avait épousé P. Cornélius Lentulus.

— 2. *Avum.* Cet aïeul était Fulvius Flaccus, compagnon de C. Gracchus. Trouvé avec l'aîné de ses fils dans la retraite où il s'était réfugié après le massacre de ses partisans, il y fut mis à mort avec ce fils.

— 3. *Largitionis voluntas.* On sait que C. Gracchus demandait le partage des terres et la distribution du blé au peuple.

— 4. *Hujus avus Lentuli.* C'était P. Lentulus, consulaire et prince du sénat, qui avait combattu contre C. Gracchus pour le parti de la noblesse.

— 5. *Veremini, censeo.* Il n'est pas besoin de faire ressortir ici l'ironie.

Page 116 : 1. *Summam ordinis consiliique.* C'est-à-dire le premier rang dans les trois ordres et la plus grande part d'autorité dans les délibérations.

— 2. *Ex dissensione.* C. Gracchus avait enlevé aux sénateurs, pour le donner aux chevaliers seuls, le droit de siéger dans les tribunaux, puis Sylla, vainqueur du parti populaire, l'avait fait rentrer dans les mains des premiers. De là, entre les deux ordres, la mésintelligence et les dissensions continuelles, véritables causes des guerres de Marius et de Sylla.

— 3. *Tribunos œrarios.* Les tribuns du trésor touchaient les sommes nécessaires à l'entretien des armées et à la payé des soldats, et les versaient entre les mains des questeurs. Ils apparténaient à l'ordre des plébéiens et étaient admis à prendre part aux jugements.

— 4. *Scribas.* Les scribes ou greffiers qui transcrivaient les actes publics, les lois et les décisions des magistrats, étaient en grande partie des affranchis, et cependant ils formaient une classe qui jouissait d'une certaine considération.

— 5. *Ab exspectatione sortis.* Les scribes tiraient au sort les magistrats auxquels ils devaient être attachés l'année suivante. Il paraît qu'ils se trouvaient réunis ce jour-là pour cet objet.

— 6. *Qui... fortunam hujus civitatis consecuti.* Le droit de cité était la plus grande faveur que le peuple romain pût accorder, soit aux particuliers, soit aux peuples étrangers; c'était toujours la récompense d'un grand service ou d'un dévouement éprouvé. Ceux qui le recevaient étaient assimilés en tout aux citoyens romains, ou, pour mieux dire, devenaient réellement citoyens romains.

— 7. *Summo nati loco.* Lentulus et Catilina étaient issus l'un et l'autre de familles patriciennes.

— 8. *Tolerabili conditione servitutis.* Il y avait parmi les esclaves de grandes différences de condition, suivant les diverses fonctions qu'ils étaient appelés à remplir, depuis celles de la plus basse domesticité, jusqu'à celles qui exigeaient des talents distingués; car c'était ordinairement parmi eux que l'on choisissait les pédagogues, les secrétaires, les copistes, etc.

— 9. *Quantum audet.* Les esclaves, en effet, n'ayant pas le droit d'intervenir dans une cause qui n'intéressait que les citoyens seuls, ne devaient que former des vœux; ils ne pouvaient rien par eux-mêmes.

Page 118 : 1. *Lenonem quemdam Lentuli.* Voyez Salluste (*Cat.*, ch. L). Appien raconte aussi que, pendant la séance même du sénat, les esclaves et les affranchis de Lentulus et de Céthégus formèrent des attroupements autour des maisons dans lesquelles les accusés étaient détenus, dans le dessein de les enlever; mais que Cicéron, averti sur-le-champ, courut avec des troupes assurer la garde des prisonniers, et revint ensuite au sénat pour presser leur jugement.

— 2. *Occlusis tabernis.* Dans les moments de trouble comme dans les jours de deuil public, les boutiques devaient être fermées.

— 3. *Focis vestris.* Les dieux Pénates étaient représentés par des statuettes de pierre, de bois ou d'argent. On les gardait, dans les maisons ordinaires, sous les portiques de l'atrium, ou quelquefois dans la chambre à coucher. Chez les pauvres, leur place était dans la cuisine, au foyer domestique, qui constitue essentiellement la demeure du citoyen. Dans les habitations opulentes, on leur consacrait un oratoire, un *sacrarium.*

Page 120 : 1. *Scipio.* P. Cornélius Scipion, le premier Africain, qui mit fin à la seconde guerre punique.

— 2. *Alter Africanus.* Le second Africain, fils de L. Æmilius Paulus, d'où il avait pris le nom de Scipion Æmilien, après son adoption par le fils du premier Scipion. Ce fut le destructeur de Carthage et de Numance.

— 3. *Cujus currum.* L. Æmilius Paulus, après sa conquête de la Macédoine, amena à Rome le roi Persée prisonnier, et le fit marcher chargé de chaînes devant son char de triomphe.

— 4. *Metu servitutis bis liberavit.* La première fois par la défaite des Teutons dans la Gaule Narbonnaise, et la seconde par celle des Cimbres en Italie.

— 5. *Quo victores revertantur.* Allusion à un mot de Pompée lui-même, rapporté ailleurs par Cicéron, *De officiis,* 1, 22 : *Mihi quidem Pompeius hoc tribuit, ut diceret, frustra se triumphum tertium deportaturum fuisse, nisi meo in rempublicam beneficio, ubi triumpharet, esset habiturus.*

— 6. *Aut recepti.* Sous-entendu *in gratiam.*

Page 122 : 1. *Pro imperio.* Cicéron, comme nous l'avons dit plus haut (note 5 de la page 104), dans l'espoir de détacher Antoine du parti de Catilina, lui avait cédé la riche et brillante province de Macédoine que le sort lui avait donnée. Il avait certainement perdu, par ce sacrifice fait à l'intérêt public, tous les avantages dont il parle, et il était bien en droit de s'en faire un titre à la reconnaissance de ses concitoyens. En échange de la Macédoine, il devait passer au gouvernement de la Gaule Cisalpine : mais il y avait aussi renoncé et l'avait fait donner au préteur Métellus Céler.

— 2. *Urbanis opibus.* Suivant le témoignage de Plutarque, Cicéron

réunissait autour de lui une plus grande foule de clients et d'amis
que les citoyens les plus riches et les plus puissants.

— 3. *De aris ac focis*. Ces mots, opposés à ceux de *fanis ac templis*,
ne doivent s'appliquer qu'aux demeures particulières.

www.ingramcontent.com/pod-product-compliance
Lightning Source LLC
Chambersburg PA
CBHW051548280626
47162CB00021B/1633